아프지 않게 움직이는 법,

오늘부터
필라테스

장혜은

나비재활필라테스(Nabi Rehab Pilates) 대표 · 시니어재활운동협회(SREA) 협회장

보바스병원에서 뇌성마비 아동을 치료하던 물리치료사로 근무했으며, 고려대학교 재활과학 석사를 졸업했다.

학창 시절 체력장 5급을 받을 만큼 운동과는 거리가 멀었지만, 서른여덟 살에 처음으로 운동을 시작했다.

하루하루의 움직임 속에서 '변화는 생각이 아니라 습관에서 시작된다'는 사실을 몸으로 배웠다.

나비필라테스를 운영하며, 통증과 마비가 있는 사람도 안전하게 움직일 수 있는 방법을 전하고 있다.

현재는 시니어와 통증 대상자를 위한 맞춤형 운동 프로그램과 지도자 과정을 운영하며, "움직임의 문턱을 낮추는 일"에 힘쓰고 있다.

인스타 @nabi__pilates

유튜브 @nabi__pilates

아프지 않게 움직이는 법,
오늘부터 필라테스

ⓒ 장혜은, 2026

초판 1쇄 발행 2026년 3월 2일

지은이   장혜은
펴낸이   이기봉
편집   좋은땅 편집팀
펴낸곳   도서출판 좋은땅
주소   서울특별시 마포구 양화로12길 26 지월드빌딩 (서교동 395-7)
전화   02)374-8616~7
팩스   02)374-8614
이메일   gworldbook@naver.com
홈페이지 www.g-world.co.kr

ISBN   979-11-388-5430-6 (03690)

Pilates

아프지 않게 움직이는 법,

오늘부터
필라테스

장혜은 지음

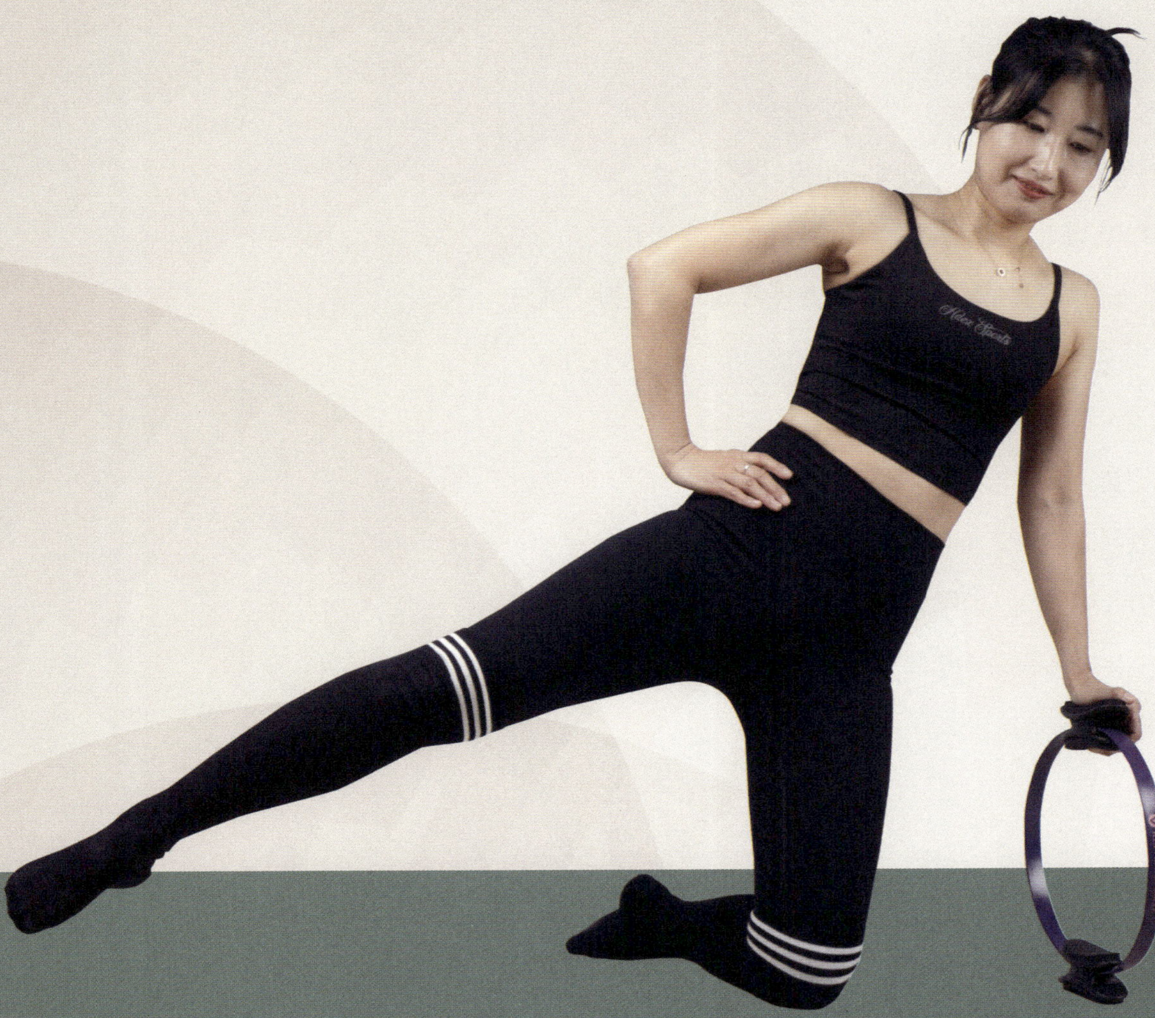

필라테스는 더 버티는 운동이 아니다.
다시 움직이는 법을 배우는 과정이다.

좋은땅

Prologue

누구나 필라테스를 할 수 있어요.

방법이 조금 다를 뿐이죠.

제가 처음 필라테스를 가르치기 시작한 곳은 공공기관이었어요.

낮 시간에 운동할 수 있는 50대 이상 여성분들이 대부분이었고요.

요가나 체조는 익숙했지만, 필라테스는 거의 처음이셨죠.

아무래도 제가 사는 곳이 경북 예천이다 보니,

도시처럼 다양한 운동시설이 많지 않아서

필라테스를 접해 볼 기회가 없었던 분들이 많았어요.

그런데요, 한 학기. 딱 12주.

주 2회씩 꾸준히 참여하신 분들이 정말 눈에 띄게 달라진 거예요.

"허리가 덜 아파요."

"팔이 안 돌아갔는데, 이제 뒤로 돌아가요."

그 짧은 말들이 오랫동안 제 마음에 남았어요.

지금 제 센터를 다니고 있는 회원님의 절반 이상이

40대 후반에서 60대 사이입니다.

처음 오신 분들은 종종 이렇게 물으세요.

"필라테스는 늘씬한 젊은 사람들이 하는 운동 아닌가요?"

그럴 때마다 저는 웃으면서 말씀드려요.

"아니에요, 필라테스는 누구나 할 수 있는 운동이에요."

나이가 들수록, 통증 때문에 움직이는 걸 두려워하시는 분들이 많습니다.

그런데 사실, 필라테스는 그런 분들에게

가장 안전하고 효과적인 운동이에요.

몸을 다시 움직이게 해서 통증을 줄이고,

몸의 자유를 되찾는 과정이니까요.

그래서 이 책을 만들었습니다.

누구나 두려움 없이, 그리고 자신의 속도에 맞게

맨몸 필라테스와 소도구 필라테스를 시작할 수 있도록 구성했어요.

이 책이 여러분께

"나도 할 수 있구나."

그 확신의 순간을 선물할 수 있기를 진심으로 바랍니다.

NABI

REHABILITATION & PILATES

• 목 차 •

SECTION 3 소도구와 함께하는 필라테스

SECTION 4 통증별 회복 루틴

SECTION 1

오늘부터
필라테스

REHABILITATION
& PILATES

１장

운동의 나비효과

한발 한발 주문을 외우듯 신체가 움직이는 순간에만 몰입하면서 에너지를 쓰다 보면
하루 동안 피로와 불안한 마음이 역시 평온해질 것이다. 단단하게 다져진 몸과 마음으로
당신이 하고 싶고 좋아하는 모든 일을 포기하지 않고 쭉 이어 나가기를 응원한다.

— 정김경숙, 계속 가봅시다. 남는 게 체력인데

초등학생부터 농구, 배구, 축구 심지어 씨름 중계까지 챙겨보는 스포츠광이었습니다. 텔레비전 속 스포츠를 눈으로만 즐겼습니다. 스포츠 선수 트레이너가 되고 싶을 만큼 스포츠를 좋아하게 되었습니다. 하지만 현실에서 만나는 스포츠 세계는 냉정했습니다. 학교 체육 시간의 실기, 체력장, 체육대회 등 모든 활동이 점수로 환산되었습니다. 손에 쥐어 든 체력 결과표에는 5급, 성공 횟수 0회 또는 0초가 수두룩했습니다. 성적표처럼 매겨진 체력 평가의 낮은 점수는 체육에 대한 흥미를 떨어뜨렸습니다. 시도조차 하기 싫게 만들었습니다. 키와 몸집만 커지고 성장에 따라 운동 능력은 향상되지 않았습니다. 고2 체력장이 있던 날, 나는 운동과 담을 쌓게 되었습니다. 최선을 다해 달려와 결승선을 통과한 나의 등짝을 체육 선생님이 때렸습니다. 일부러 슬슬 달린다는 이유였습니다. 다시 뛰어오라고 지시를 듣고 다시 뛰면서 '운동은 타고난 재능이 있는 사람들이 하는 것'이라 생각했습니다. 그렇게 20년을 운동을 담을 쌓고 살았습니다.

삶에선 그럴듯한 태도와 패션만 갖추면 자신을 그런대로 감출 수 있다.
하지만 역시, 운동은 아니다. 어떻게 꾸미든 잽 하나, 발차기 하나에 자신이 다 드러난다.
그 사람이 지금껏 얼마만큼의 관심과 노력으로 이 일에 매진해 왔는지
짧은 시간에 다 드러난다.

그런 면에서 운동은 멋지다.

- 황보름, 난생처음 킥복싱

출산 후 저절로 살이 빠질 줄 알았는데 그렇지 않았습니다. 돌이 지나고 아이가 내 품에서 멀어지니 엄마가 아닌 여자로서 예뻐지고 싶었습니다. 하지만 두 번의 출산으로 반으로 줄어든 머리카락, 변한 체형, 윤기를 잃은 피부 등 딱 봐도 난 아줌마였습니다. 외모로 인해 우울하고 초라하게 느껴졌습니다. 점점 성장하는 아이들과 달리 나는 빛을 잃어 가는 느낌이었습니다. 몸은 하루아침에 변할 수 없습니다. 집에서 아침, 저녁으로 아이들이 장난감을 가지고 놀 때 10년 전 GX 수업에서 배웠던 댄스나 맨몸운동을 했습니다. 유튜브 영상을 보며 따라 했습니다. 운동인지 춤인지 몸부림인지 알 수 없는 형태였지만 불태웠습니다. 더불어 먹는 양을 반으로 줄여 4~5kg 감량에 성공했습니다. 얼굴과 머리숱의 변화는 없어도 옷 입을 때 변화가 느껴져 기분 좋았습니다. 처음에는 윗몸일으키기 10개도 힘들었는데 1년 사이에 100개까지 가능해졌습니다. 어느 순간 날씬함을 넘어 멋진 몸을 갖고 싶다는 생각이 들었습니다. 더 강도 높은 운동을 하고 싶어서 헬스장을 등록했습니다. 아이들이 자는 새벽 운동을 선택했습니다. 다행히 새벽에는 헬스장을 이용하는 사람들이 적었습니다. 헬스장이 놀이터이자 쇼핑센터 같았습니다. 어색한 기구를 만져 보고, 운동하는 사람들을 구경했습니다. 내 방식대로 내가 하고 싶은 운동을 할 수 있다는 자유로움이 정말 좋았습니다. 헬스장 거울 속에 비친 사람은 누구의 아내도, 누구의 엄마도 아닌 나 자신이었습니다.

이제 좀 어디 가서 운동 좀 한다고 말해도 되겠다는 거만한 생각이 들던 2022년 서울 오픈 마라톤에 참석했습니다. '10km는 달릴 수 있겠지' 하는 마음으로 신청했습니다. 이거 웬걸. 정말 오래 달렸다고 생각하고 머리를 드는 순간 1km라는 안내판을 봤습니다. '아, 망했다. 난 이미 힘든데 남은 9km를 어떻게 달리나?? 걸어서라도 끝까지 가 보자'고 생각하니 마음이 편해졌습니다. 기록에 연연하지 않고 걸어서 1시간 36분 만에 결승선을 도착했습니다. 하프마라톤 참석자들과 함께 결승선을 통과했습니다. '내 체력이 이 정도라고??'. 그렇게 2년 연속 마라톤대회 출전하니 철인 3종 경기도 도전해 보고 싶었습니다. 그래서 수영을 배우기로 결심했습니다. 3개월 동안 자유형을 완전히 배운다는 각오로 강습 전에 30분 동안 개인 연습을 매일 했습니다. 나의 노력과 반대로 수영 실력은 좀처럼 늘지 않았습니다. 노력만큼 성과가 나오지 않으니 하기 싫었습니다. 결석하는 저를 챙겨 주는 동료들 덕분에 다시 수영장으로 돌아가 연습하기를 반복했습니다. 같이 시작한 동료들은 3개월 동안 배영까지 배웠지만 저는 25m 레인을 자유형으로 완주할 수 없었습니다. '어떤 운동을 해도 쉬운 게 없구나' 하는 좌절감과 패배감에 휩싸였습니다. 그 와중에 또 마라톤대회에 참석했습니다. 작년과 달리 10km를 쉬지 않고 뛸 수 있었고, 기록은 30분이나 단축되었습니다. 수영을 통한 폐활량이 좋아진 걸까?? 운동은 운동으로 통하는 것인가? 수영에서 맛보았던 좌절감과 패배감은 마라톤대회로 회복되었습니다. 시간 단축으로 운동 수준의 향상을 알 수 있었습니다. 기록갱신은 그동안의 시간과 노력이 헛되지 않았다고 말해 주는 것 같았습니다. 다이어트를 위해 시작된 운동으로 몸과 마음의 성장을 경험하기 시작했습니다.

> 나의 세계관은 성공과 경험만이 존재한다.
> 당장 뭔가를 이뤄내지 않더라도 그 경험들은 자신 안에 남아 있다가
> 언젠가는 도움이 되고, 그렇지 않더라도 적어도 해 봤다는 뿌듯함을 갖고
> 미련 없이 삶의 다음 장으로 넘어갈 수 있게 도와준다.
> 자신감이란 무엇이든 새롭게 받아들이고 성장하겠다는 포용력에 가깝다.
>
> - 황선우, '멋있으면 다 언니' 중 김유라 PD 인터뷰

수영장에서 나의 민낯을 마주치게 되었습니다. 강사님이 나에게 자세가 예쁘다고 칭찬할 때 나는 '진짜요?'라고 되물었습니다. 그러자 강사님이 머리를 갸우뚱하면서 내 앞에 서 있던 20대 수강생에서 '자세 예뻐요.' 하니 그 친구는 '네, 감사합니다'라고 대답하였습니다. 그 순간 어린 친구와 내 태도의 차이점을 느꼈습니다. 타인이 말하는 진심 어린 칭찬에도 내가 정말 그럴만한 사람인가를 의심하고 있었습니다. 습관적으로 나를 믿지 못하는 삶을 살고 있었습니다. 스스로 사랑하지 않기에 나의 결점과 부족함을 감추려고 어딜 가든 사람들과 적당한 거리를 두었습니다. 다른 사람에게 나의 능력을 증명하고 인정받으려 애썼습니다. 타인의 평가가 두려워 있는 그대로의 모습을 드러내는 것을 꺼렸습니다. '나는 왜 사람들 앞에 나서기를 두려워하는가?', '왜 무엇이든 열심히 할까?', '왜 새로운 사람을 만나면 스트레스일까?' 등 그동안 궁금했던 질문들의 이유를 찾게 되었습니다. 누군가의 사랑받기 위해 노력하기보다 스스로 소중히 여기는 마음이 필요하다는 것과 조건 없이 사랑해야 한다는 것을 깨달았습니다. 운동으로 삶을 바라보는 관점도 변했습니다. 남과의 비교가 아닌 어제의 나와 비교하면서 하루하루 조금씩 달라지는 나를 인식하게 되었습니다. 이제는 삶의 중심에 내가 있습니다. 남의 인정을 받아야 나는 가치 있는 사람이라고, 나의 존재를 증명하려 부단히

애쓰며 살았던 20대와는 다른 삶을 살고 있습니다. 이제는 나 자신을 믿는 힘이 생겼습니다.

오영환 저서의 '철인 수업'에서 작가는 '어딘가에는 내가 잘할 수 있는 일이 있다. 단, 그걸 찾으려면 끝까지 달려봐야 한다. 극한의 상황에 나를 던졌을 때 내가 어떤 사람인지 알게 되기 때문이다.'라고 말했습니다. 나도 운동을 통한 극한 상황에서 내가 정말 좋아하는 게 무엇인지, 내가 어떤 사람인지 알게 되었습니다. 나의 한계를 극복하는 과정을 즐기는 사람이라는 것을.

다양한 운동을 하면서 '저 운동은 내가 더 잘 알려줄 수 있을 것 같다'라는 생각이 문득문득 들었습니다. 재활병원에 있던 경험을 바탕으로 한 재활과 자세 교정을 위한 필라테스는 자신이 있었습니다. 그리고 조용한 음악 속에서 쉽지 않은 운동 강도가 나에게 딱 맞았습니다. 공공기관 수업 준비를 위해 생활 스포츠 지도자 2급 보디빌딩 자격증과 필라테스 자격증을 취득했습니다. 체육 시간 관중석에 앉아 언제 체육 시간이 끝나나 기다리기만 했던 내가, 체력장 5급의 내가, 누군가에게 운동을 가르치는 직업을 가지고 있다는 것이 아직도 신기합니다.

학교 다닐 때는 선생님이 발표시킬까 봐 전전긍긍했습니다. 친구들의 말을 듣기만 하던 내성적인 아이였지만 지금은 10~20명의 회원 앞에서 필라테스 수업을 하고 있습니다. 롤랑 바르트는 '시도하기 위해 희망할 필요도 없고, 지속하기 위해 성공할 필요도 없다'고 했습니다. 시작은 희망 때문이 아니라 용기 때문에 가능하고, 지속은 성공 때문이 아니라 의미 때문에 가능합니다. 운동이 주는 나의 의미를 지속하기 위해서 용기 내서 필라테스 센터를 열었습니다. 직접 해 보지 않는 자는 운동의 효과를 알 수 없습니다. 운동이 혼자 할 수 없는 사람들, 운동을 혼자 시작할 수 없는 사람들에게 그 첫걸음을 내딛도록 도와주고 싶습니다. 전문성이란 운동 장소와 운동 대상에 따라 차별적인 운동을 지도할 수 있는 능력이라고 생각합니다. 다큐멘터리나 독립 영화처럼 의미를 전달하는 운동과 코미디영화처럼 즐거움을 선사하는 운동의 균형이 필요함을 절실히 느끼고 있습니다. 병원에서 근무했던 물리치료사로서의 전문성을 바탕으로 즐겁게 할 수 있는 필라테스 운동을 알려주고 있습니다. 회원들에게 살아갈 힘과 자신을 사랑하는 힘을 전달하고 싶습니다. 이것이 내가 직접 경험한 운동의 나비효과입니다.

기적은 내가 완주했다는 게 아니라 내가 용기 내서 시작했다는 것이다.

- 존 빙햄

2장

오늘부터, 내 몸을 다시 느끼기

계단이 가파르게 느껴지고, 오래 앉아 있으면 허리가 아프기 시작합니다. '노화가 언제부터 시작되는가?'는 단순히 나이를 세는 문제가 아니라, 신체 기능이 감소하기 시작하는 시점을 의미합니다. 그러므로 노화는 누구나 겪는 자연스러운 과정입니다. 노화는 시간이 흐르면서 몸의 구조와 기능이 서서히 약해지고, 회복력이 떨어지는 과정입니다. 예전에는 아무렇지 않았던 일들이 이제는 부담스럽고 힘겨워지게 됩니다. 어느 날 갑자기 찾아오는 사건이 아니라, 아주 천천히, 스며드는 과정입니다.

이러한 몸의 변화는 여러 시스템에서 동시에 일어납니다. 근육은 나이가 들수록 자연스럽게 줄어듭니다. 근육의 양이 감소할 뿐 아니라, 힘과 지구력도 함께 떨어집니다. 근육 속에서 에너지를 만들어 내는 효소의 활동도 감소하고, 근육을 움직이게 하는 신경-근육 단위의 수도 줄어듭니다. 심장의 근육도 힘과 지구력을 잃는다면 폐의 탄력이 떨어져 숨을 들이마실 때 충분히 확장되지 않습니다. 흉곽은 점점 단단해지고 움직임이 제한됩니다. 그 결과 한 번에 들이쉬고 내쉬는 공기량이 줄어들어 호흡이 얕고 빨라집니다. 그래서 예전과 똑같이 움직여도 금세 숨이 차고, 쉽게 피로를 느끼게 됩니다. 관절을 지지하고, 체중을 지탱하며, 몸의 자세를 유지하는 기둥 역할을 하는 근육이 약해진다면 무릎, 엉덩이, 허리 관절에 부담이 가중되고, 그 부위부터 통증이 나타납니다. 신경계도 노화에서 예외가 아닙니다. 나이가 들면 기억력과 집중력이 떨어지고, 정보를 처리하는 속도도 예전보다 느려집니다. 신경이 자극을 전달하는 속도 역시 둔해지고, 시각·청각·촉각 같은 감각 기능도 감소할 수 있습니다. 이 변화는 단순히 '깜빡깜빡한다.'라는 수준을 넘어 균형을 유지하는 능력, 외부 자극에 반응하는 속도, 보행의 안정성에까지 영향을 미칩니다.

호흡과 근육, 신경계의 변화로 나이가 들수록 걷기가 가장 눈에 띄게 달라집니다. 한 걸음의 길이(보폭)는 짧아져 발걸음 수는 늘어나지만 전체 걷는 속도는 느려집니다. 발을 들어 올리는 높이가 점점 낮아지고, 발과 발 사이의 간격은 넓어집니다. 멈췄다가 다시 걷기 시작하는 동작이 서툴어지고, 발뒤꿈치로 디디고 발끝으로 밀어내는 힘이 약해집니다. 그래서 발을 질질 끄듯 걷는 경우도 많습니다. 또 두 발이 동시에 바닥에 닿아 있는 시간 비율이 늘어나고, 발목을 위로 들어 올리는 능력도 줄어듭니다. 그러다 보니 걷는 내내 '지금 잘 걷고 있는지, 넘어지지 않을지'를 계속 의식하게 됩니다. 걷기가 자연스럽고 자동적인 동작이 아니라 늘 긴장하고 조심해야 하는 일이 되어 버립니다.

노화는 신체뿐만 아니라 심리적인 변화도 포함됩니다. 감정의 기복이 커지고, 우울감·소외감·고독감이 서서히, 혹은 급격하게 커집니다. 새로운 것에 도전하기보다는 익숙한 것을 선택하는 경우가 많습니다. 사회적인 면에서는 가정과 사회에서 맡았던 역할이 줄어들면서 자신감이 떨어지기도 합니다. 사람을 만나는 기회는 줄어들고, 사회 활동 참여도 감소한다면 혼자 있는 시간이 많아집니다. 지금까지 살펴본 변화들이 동시에 일어난다면 몸의 움직임은 줄어듭니다. 신체 활동이 적어지면 몸은 더 빠르게 약해지고, 통증을 쉽게 느끼게 됩니다.

통증을 느끼는 사람은 본능적으로 통증을 피하려고 덜 움직이고, 괜히 움직였다가 더 아플까 봐 또 덜 움직이려고 합니다. 만약 아파서 움직이지 않는다면 근육은 더 빨리 감소하고, 관절은 더 빠르게 굳습니다. 이미 굳고 약해진 몸으로 다시 움직이면 예전보다 훨씬 더 많이 아프고 더 힘이 듭니다. 그러면 다시 '역시 움직이면 안 되겠구나.'라고 결론을 내립니다. 통증을 한번 느끼고 나면 '아파서 안 움직이고, 안 움직이니 더 아픈' 악순환이 반복됩니다. 통증은 코어 기능에도 영향을 줍니다. 몸이 아프면 그 부위를 보호하려는 본능 때문에 주변 근육을 과도하게 긴장시키거나, 아예 움직이지 않으려 합니다. 이 과정에서 원래 중심을 잡아야 할 깊고 작은 근육들은 제 역할을 하지 못하고, 겉에 있는 큰 근육들이 혼자 힘을 쓰게 됩니다. 그 결과 근육 사이의 힘 분배와 사용 패턴이 완전히 바뀌게 됩니다. 예전보다 심장은 조금 덜 힘차게 뛰고, 폐는 조금 덜 확장되며, 근육은 조금 더 힘을 쓰기 어려워집니다. 나이가 들수록 몸은 스스로 회복하는 힘이 줄어들기 때문에, 움직이지 않으면 더 빠르게 굳고, 더 쉽게 아파집니다. 그렇다면 우리는 어떻게 해야 할까요? 정답은 단순합니다. 어디에서부터, 어떻게 움직여야 내 몸이 안정될 수 있을까? 통증을 이겨내는 방법은 무조건 많이 운동하는 것이 아닙니다. 참으면서 버티는 것도 아닙니다. 통증이 없는 자세나 범위에서 출발해야 합니다. 몸의 정렬을 먼저 바로 세워야 합니다. 호흡과 코어의 연결을 회복해야 합니다. 그리고 작은 움직임부터 다시 배우는 것이 필요합니다. 필라테스는 이 과정을 안전하고 체계적으로 도와주는 운동입니다. 움직임의 크기보다 '어떻게 움직이는가'를 더 중요하게 여깁니다. 호흡과 코어, 정렬만 유지할 수 있다면 누구에게나 몸의 균형을 회복하고 통증을 감소시킬 수 있는 좋은 운동입니다. 필라테스를 시작하는 나이에 따라 운동의 목적이 달라집니다.

35세 이전에 시작하는 필라테스의 목표는 신체 강화입니다. 즉, 신체 정렬을 올바르게 유지하고, 호흡과 코어를 강화하여 지금의 건강을 오래 유지하는 것입니다. 투자의 복리 효과처럼 필라테스를 하루라도 빨리 시작한다면 그 효과는 10년, 20년 후의 몸을 결정하게 됩니다. 30대 이전에 시작하는 필라테스는 몸을 지키는 습관을 만드는 일입니다.

40~60대에는 통증과 근육 감소가 본격적으로 나타납니다. 이 시기의 필라테스는 잃어버린 움직임을 되찾는 기능 회복 운동이 됩니다. 허리와 어깨의 통증이 줄고, 몸의 균형이 향상시킬 수 있습니다.

60대 이후에는 근육 감소와 균형 저하로 낙상의 위험으로 이어질 수 있습니다. 이 시기의 필라테스는 일상의 자립을 지키는 운동이 됩니다. 작은 동작이라도 꾸준히 반복함으로써 넘어지지 않는 몸, 다시 일어설 수 있는 몸을 만들어 줍니다. 계단을 오르거나 의자에서 일어나는 일이 더 이상 두려운 일이 되지 않습니다.

결국 필라테스는 시니어에게는 회복과 자립의 운동이 되고, 중년에게는 예방과 관리의 운동이 되며, 젊은 세대에게는 평생 건강을 위한 투자가 됩니다. 나이를 결정하는 것은 숫자가 아니라 움직임의 방식입니다. 필라테스는 당신의 몸을 지키고 삶을 단단하게 만들어 줄 것입니다. 중요한 건 '언젠가'가 아니라 '오늘부터 몸을 다시 운동해야겠다'는 마음입니다. 이 책은 그 마음을 실천으로 옮기는 첫걸음을 함께할 것입니다. 다음 장에서 그 구체적인 답을 코어와 정렬, 호흡 그리고 필라테스의 원리를 함께 살펴보겠습니다.

3장

필라테스, 왜 몸에 좋을까?

필라테스는 처음부터 전쟁 부상병과 병약한 환자들의 회복을 돕기 위해 고안된 재활운동으로 출발했습니다. 창시자 조셉 필라테스는 처음에는 '교정운동(corrective exercise)'이라고 부르다가, 이후에 '조절학(Contrology)'이라는 이름을 붙였습니다. 조절학이란 자신이 의도한 대로 올바르게 움직일 수 있는 능력을 기르는 운동이라는 뜻입니다.

필라테스에는 모든 동작은 기본 원리를 바탕으로 이루어집니다. 여섯 가지 원리는 각각 따로 존재하는 것이 아니라 서로 연결되어 하나의 움직임을 이룹니다. '통증을 줄이고, 다시 움직일 수 있는 몸'을 만드는 데 필라테스의 원리와 코어가 함께 필요합니다. 각 원리를 몸으로 체험하고 느낄 때 필라테스의 효과를 경험할 수 있습니다.

① 호흡 - 움직임의 리듬이자 안정의 시작

호흡은 단순히 공기를 들이마시고 내쉬는 행위를 넘어, 움직임의 리듬과 안정의 출발점입니다. 호흡을 통해 횡격막, 복횡근, 골반저근이 함께 수축하면 척추를 보호하는 내부 압력이 형성됩니다. 호흡할 때 '들이마실 때 등 뒤로 숨을 보내고, 내쉴 때 복부를 부드럽게 모으세요.'라고 말합니다. 이런 호흡은 허리나 어깨에 과도한 힘을 주지 않으면서도 몸통을 안정시키는 데 매우 효과적입니다. 호흡만 잘 활용해도 코어를 안전하게 깨우는 방법이 됩니다. 깊고 규칙적인 호흡은 복부의 깊은 근육과 골반저근을 자연스럽게 활성화하고 몸 전체의 긴장을 조절하는 역할을 합니다.

② 집중 - 몸의 감각을 깨우는 힘

필라테스는 '몇 개를 했는가'보다 '지금 내 몸이 어떻게 움직이고 있는가'에 집중하는 운동입니다. 필라테스에서는 동작의 속도를 일부러 늦추고, 집중을 통해 몸의 작은 변화와 감각을 느끼도록 돕습니다. 통증이 생기기 전에 스스로 잘못된 자세를 알고, 수정할 수 있는 힘이 생깁니다. 집중은 몸을 '다시 배우게 하는 힘'입니다.

③ 정렬 - 통증을 막는 가장 과학적인 방법

바른 정렬은 머리, 어깨, 척추, 골반, 무릎 관절의 부하를 고르게 나눌 수 있고, 근육은 효율적으로 일할 수 있습니다. 예를 들어, 머리가 앞으로 쏠리면 목과 어깨 주변 근육이 긴장됩니다. 골반이 과도하게 앞이나 뒤로 기울면 허리에 과부하가 걸립니다. 정렬이 깨졌다는 것은 몸이 불필요한 에너지를 계속 낭비하고 있다는 신호이기도 합니다.

④ 조절 - 근육의 양보다 '사용법'

필라테스는 얼마나 크게, 얼마나 빨리 움직이는가보다 얼마나 섬세하게 조절하면서 움직이는가가 중요합니다. 갑작스러운 자세 변화에서 균형을 잃지 않도록 도와주며, 낙상 위험을 낮추는 데 직접적인 영향을 줍니다. 조절은 '과하게 힘을 쓰지 않으면서도 몸을 안전하게 지키는 능력'입니다. 조절력이 있으면 통증을 줄일 수 있습니다.

⑤ 흐름 - 동작의 연결, 몸의 리듬

흐름이란 한 동작이 끝난 뒤 다음 동작으로 부드럽게 이어지는 상태를 말합니다. 흐름이 생기면 몸은 끊어진 동작들의 나열이 아니라, 하나의 연결된 움직임으로 작동합니다. 동작 바꿀 때 협응력과 리듬감이 길러지고, 몸의 불필요한 긴장은 줄어듭니다. 흐름은 곧 리듬이고, 리듬은 곧 생명력입니다. 움직임이 이어지는 감각을 익히는 것이 몸의 활력을 되찾는 과정입니다. 움직임의 자유도가 회복됩니다.

⑥ 중심 - 모든 움직임의 출발점

조셉 필라테스는 코어를 "파워하우스(Powerhouse)"라고 불렀습니다. 코어는 몸의 중심을 지지하고 안정시키는 근육들의 집합, 즉 몸통을 잡아주는 '안정 시스템'입니다. 코어는 단지 근육 덩어리가 아니라, 몸의 기둥이자 중심축입니다. 기둥이 튼튼해야 그 위에 올라가는 층과 벽이 흔들리지 않듯, 코어가 안정되어야 팔과 다리가 자유롭고 안전하게 움직일 수 있습니다.

호흡, 정렬, 조절의 세 가지 원리가 필라테스의 핵심입니다. 깊은 호흡으로 바른 정렬을 유지하며 자신의 범위 안에서 움직임을 조절할 수 있다면, 그 자체로 기능 회복 운동입니다. 세 가지 원리의 중심에는 코어가 있습니다.

우리가 흔히 말하는 '코어(core)'는 단순히 복부 앞쪽 근육, 복근만을 의미하지 않습니다. 코어를 이루는 근육은 여러 층으로 하나의 단단한 벽처럼 작용합니다. 복횡근(Transversus Abdominis)은 가장 깊은 곳에서 허리를 감싸는 넓은 복대처럼 작용합니다. 복횡근은 복부 내부의 압력이 안정적으로 유지하고 허리를 지지합니다. 다열근(Multifidus)은 각 척추뼈 사이에 짧게 붙어 있는 근육으로, 척추의 미세한 움직임을 조절합니다. 척추가 과하게 휘거나 비틀어지는 것을 막는 역할을 합니다. 만약 복횡근과 다열근이 약해지면 허리 주변을 지탱하는 힘이 떨어져 일상적인 작은 동작에도 허리에 부담이 쌓이게 됩니다. 골반저근(Pelvic Floor Muscles)은 골반 아래를 바닥처럼 받쳐주는 근육입니다. 장기를 아래에서 떠받치고 복압 유지와 자세 안정에도 중요한 역할을 합니다. 또한 대·소변 조절에도 관여합니다. 골반저근의 탄력이 떨어지면 복압과 코어의 안정성도 함께 약해져 자세가 무너질 수 있습니다. 횡격막(Diaphragm)은 갈비뼈 아래쪽에 돔(dome) 형태로 위치한 근육으로, 주로 호흡에 관여합니다. 숨을 쉴 때 위아래로 움직입니다. 골반저근이 코어의 '바닥' 역할을 한다면 횡격막은 코어의 '위쪽 천장' 역할을 합니다. 횡격막이 복횡근·골반저근과 함께 리듬 있게 움직이면 복부 내부 압력이 안정되고 몸통이 더 단단하게 지지 됩니다. 코어를 '복부의 어느 한 부분'이 아니라, 척추·골반·호흡을 중심으로 몸 전체를 하나로 연결해 주는 시스템입니다.

코어를 단단히 만들겠다고 숨을 참고 배에 힘만 잔뜩 주는 경우가 있습니다. 이것은 올바른 방법이 아닙니다. 숨을 들이마시고 내쉬는 순간마다 코어 근육이 함께 일합니다. 숨을 들이쉴 때, 횡격막은 아래로 내려가고 갈비뼈는 옆으로 부드럽게 벌어집니다. 이때 복부는 자연스럽게 팽창하고, 골반저근은 살짝 늘어나면서 내장과 복압을 지지합니다. 숨을 내쉴 때, 횡격막은 다시 위로 올라가고 복횡근과 골반저근은 서서히 수축합니다. 복부 내 압력이 증가하면 척추가 더 안정적으로 지지 됩니다. 이처럼 코어의 안정성은 호흡의 리듬 속에서 만들어집니다. 깊고 규칙적인 호흡은 복부의 깊은 근육과 골반저근을 자연스럽게 활성화하고 몸 전체의 긴장을 조절합니다. 호흡을 제대로 하지 못하면, 코어를 제대로 활성화할 수 없습니다. 코어를 강화한다는 것은 단순히 복부에 힘을 주는 것이 아니라, 호흡과 함께 깊은 근육들이 자연스럽게 협력하도록 길들이는 과정입니다.

몸은 팔이나 다리를 움직이기 전에, 먼저 몸통의 중심을 준비시키는 '자동 안정화 시스템(Automatic Stabilization System)'을 가지고 있습니다. 코어는 몸의 자동 안전 벨트로 몸의 중심을 자동으로 잡아주는 엔진입니다. 예를 들어 손을 들기 직전 복부와 척추 주변의 깊은 근육들이 먼저 수축합니다. 이 짧은 순간의 준비 덕분에 넘어지지 않고, 부드럽게 움직일 수 있습니다. 그러나 몸이 움직이기 전에 중심을 잡지 못하면, 허리·어깨·무릎과 같은 특정 부위에 갑작스러운 부담이 집중됩니다. 그 결과, 작은 동작에도 통증을 느낄 수 있습니다. 통증은 단순히 근력이 부족해서만 생기는 것이 아니라, 움직임의 순서가 뒤바뀐 결과이기도 합니다. 즉, 먼저 코어가 작동하고, 그다음에 팔과 다리가 움직여야 합니다. 따라서 코어의 안정성 없이 팔과 다리만 크게 움직이는 운동은 통증의 위험을 높일 수 있습니다.

통증은 몸이 보내는 중요한 경고 신호입니다. 처음에는 손상 부위를 보호하기 위한 자연스러운 반응이지만, 시간이 지나면 주변 근육들이 대신 과도하게 일하기 시작합니다. 이러한 현상을 '보상 패턴(compensation pattern)'이라고 합니다. 예를 들어 허리 통증이 있는 사람은 복부 깊은 코어 근육 대신 허리 펴는 근육을 과하게 사용해 움직임을 만들어 냅니다. 코어가 제 역할을 하지 못하고 다른 근육들의 긴장도 증가하거나 뻣뻣해집니다. 이처럼 비효율적인 패턴이 반복되면, 통증은 한 부위에 머물지 않고 다른 부위로 옮겨갑니다. 따라서 통증을 줄이기 위해서는 단순히 '아픈 부위를 풀어주는 것'만으로는 충분하지 않습니다. 몸이 다시 정상적인 움직임의 순서와 패턴을 회복하도록 돕는 훈련이 함께 필요합니다.

이 지점에서 다시 정렬의 원리가 중요해집니다. 정렬은 필라테스의 근본이자 통증 예방의 핵심 원리입니다. 뼈와 관절은 하중이 고르게 분산되도록 설계되어 있습니다. 하지만 오랜 시간 나쁜 자세가 이어지면 특정 부위에 과도한 하중이 집중되면서 통증이 발생합니다. 선 자세에서 골반은 몸의 중심이자 기초입니다. 서 있는 자세에서 골반이 과도하게 앞으로 기울면 허리의 전만(앞굽음)이 심해지면서 요추에 부담이 커집니다. 골반이 뒤로 기울면 허리를 지지하는 힘이 약해지고, 허벅지 뒤쪽 근육이 과도하게 긴장합니다. 이처럼 골반의 정렬에 따라 척추의 자연스러운 S자 곡선이 변형됩니다. 척추 곡선이 유지될 때 머리와 몸통의 무게가 고르게 분산되지만 등이 구부정해지고 목이 앞으로 빠진 자세가 습관이 되면 목·어깨·허리에 긴장이 지속됩니다. 어깨가 앞으로 말리면 호흡은 얕아지며, 등뼈의 움직임은 줄어듭니다. 그 결과 목과 승모근에 긴장이 몰리고, 어깨·목 결림, 두통 등이 나타날 수 있습니다.

　　　　　　　　　　　　　　　　　　　　　아프지 않게 움직이는 법, 오늘부터 필라테스

정렬은 운동할 때만 중요한 것이 아니라, 일상에서 앉은 자세, 선 자세, 걷기 자세를 의식하는 것도 중요합니다. 앉을 때 엉덩이를 의자 깊숙이 넣고 앉아, 골반을 세워 허리가 곧게 앉아야합니다. 설 때 양발의 엄지발가락(35%), 새끼발가락(15%), 뒤꿈치(50%)에 체중을 고르게 싣습니다. 또 무릎을 뒤로 과하게 펴지 않고, 살짝 부드럽게 편 상태를 유지합니다. 걸을 때 상체를 뒤로 젖히거나 허리만 앞으로 내밀지 않습니다. 복부와 엉덩이에서 중심을 유지한 상태로, 발이 바닥을 자연스럽게 밀어내도록 걷습니다. 필라테스는 수업 시간에 이러한 정렬의 감각을 깨우고, 그 감각을 일상으로 가져오는 훈련입니다. 수업 중에 익힌 바른 정렬이 일상 속 앉기·서기·걷기 습관과 연결될 때, 비로소 통증 없는 움직임에 한 걸음 더 가까워질 수 있습니다.

필라테스는 일정한 흐름이 있습니다. 코어에서 시작해 코어로 돌아오는 움직임 패턴을 학습하게 됩니다. 필라테스는 근육을 크게 만드는 운동이라기보다, 근육들이 언제, 어떻게 서로 협력해야 하는지를 다시 학습시키는 운동입니다. 이 과정을 통해 코어는 제 역할을 되찾고, 움직임의 순서를 배웁니다. 운동을 반복할수록 몸 전체의 움직임은 점점 더 안정되고 부드러워집니다. 그 결과 통증은 서서히 줄어들고, 일상생활 속에서 몸을 움직일 때 편안함을 느낄 수 있습니다. 이것이 바로 필라테스가 가진 가장 큰 장점입니다. 원리와 코어를 이해하고, 그 원리를 따라 움직이는 것만으로도, 우리는 다시 "움직일 수 있는 몸"과 "스스로를 믿을 수 있는 몸"을 되찾게 됩니다.

4장

혼자 하는 필라테스

앞 장까지 우리는 왜 필라테스를 해야 하는지, 그리고 호흡·코어·정렬·조절·흐름 같은 필라테스의 움직임 원리를 살펴보았습니다. 이제부터는 필라테스를 처음 시작하는 사람이 혼자 운동할 때 어떤 점을 알고 어떻게 접근하면 좋은지를 이야기해 보려 합니다. 혼자 하는 운동일수록 마음가짐이 중요합니다. '운동을 잘해야지'보다 '내 몸을 이해해 보자'는 마음으로 시작하기를 바랍니다. 그래야 오래 할 수 있습니다. 필라테스를 처음 배우는 사람에게 가장 필요한 태도는 '할 수 있는 만큼만, 하지만 꾸준히.'입니다.

운동은 단순히 몸을 움직이는 행위가 아닙니다. 일상생활을 피로 없이 해낼 수 있는 체력을 회복하는 과정입니다. 체력에는 무거운 것을 드는 근력뿐만 아니라 오래 걷는 근지구력, 관절이 부드럽게 움직이는 유연성, 넘어졌을 때 다시 일어날 수 있는 균형감 등이 있습니다. 필라테스는 바로 그 체력을 안전하고 세밀하게 되찾도록 돕는 운동입니다. 격하게 뛰거나 무거운 무게를 드는 대신, 몸의 정렬과 호흡, 근육의 협응을 차분히 다루며 일상에서 필요한 기능을 회복합니다. 그래서 필라테스는 몸을 예쁘게 만드는 운동이며, 몸의 균형을 되찾고, 스스로 회복할 수 있는 힘을 길러주는 운동입니다.

많은 사람들이 운동을 시작할 때 '좀 더 세게, 좀 더 많이 해야 효과가 있지 않을까?' 생각합니다. 하지만 필라테스는 그 반대입니다. 과도한 자극보다 정확한 움직임이 훨씬 중요합니다. 강한 동작은 근육보다 관절이나 호흡기, 심장에 먼저 부담을 주기 때문입니다. 크지 않은 동작이라도 바른 정렬로, 적절한 호흡과 함께 필요한 근육을 정확히 사용하면 몸은 훨씬 더 효율적으로 반응합니다. '조금 낯설지만 감당 가능한 자극'을 운동 생리학적으로 '적응 자극(adaptive stimulus)' 또는 '적정 부하(optimal load)'라고 부릅니다. 필라테스는 적정 부하로 통증이 없는 범위에서 시작하고, 동작이 익숙해지면 가동 범위를 조금 넓힙니다. 저항이나 반복 횟수를 서서히 늘려갑니다. 중요한 기준은 언제나 '남이 아닌 오늘의 내 몸'입니다. 통증을 회복하기 위한 재활운동은 이러한 적절 부하를 조절하는 것이 핵심입니다.

필라테스의 또 다른 핵심은 코어 안정성입니다. 호흡과 함께 복부·골반·갈비뼈 주변의 안정감을 느끼며 팔과 다리를 움직여야 합니다. 앉기, 서기, 걷기 같은 기본 동작들이 훨씬 부드럽고 안전해집니다. 또 일상의 피로와 통증이 줄어듭니다. 저강도·고정밀 운동은 관절을 무리시키지 않으면서 근육을 정확하게 깨우는 데 탁월합니다. 부드럽고 정밀한 동작으로 균형감이 좋아지고, 몸의 불필요한 긴장이 줄어듭니다.

무엇보다 필라테스는 호흡과 집중을 결합한 운동입니다. '지금 어디에 힘이 들어가고 있는가?'를 느끼며 호흡과 함께 움직이는 것만으로도, 몸과 뇌는 동시에 깨어납니다. 이 과정을 통해 자연스럽게 집중력과 정서 안정이 향상됩니다. 그리고 이 운동의 가장 큰 장점은 개인 맞춤이 가능하다는 점입니다. 누워서, 앉아서, 혹은 의자를 이용해서 지금의 몸 상태에 맞게 운동 강도를 조정할 수 있습니다. 혼자 영상을 보며 따라 할 때도, 가장 중요한 기준은 '지금 내 몸이 편안한가?'입니다. 필라테스는 근육을 단련하는 운동이 아니라 '움직임의 재교육'입니다. 호흡, 코어, 정렬을 바르게 이해하고 실천할 때 몸은 자연스럽게 균형을 되찾습니다. 그리고 그 균형이 삶을 다시 움직이게 합니다.

하지만 몸은 아무렇게나 움직인다고 변하지 않습니다. 우리 몸에는 변화가 일어나는 일정한 법칙, 즉 운동의 원리가 있습니다. 이 원리를 이해하면, 혼자 운동할 때도 내 몸의 반응을 읽고 조절할 수 있게 됩니다.

몸은 어떤 자극을 주느냐에 따라 다르게 반응합니다. 필라테스는 중심 근육(코어)과 자세의 정렬, 그리고 호흡의 협응에 초점을 둡니다. 그래서 꾸준히 하면 자연스럽게 코어 안정성이 높아지고, 자세 교정과 통증 완화에 효과를 보게 됩니다. 즉, 운동의 방향이 결과를 결정한다는 것이 특수성의 원리입니다.

몸은 익숙한 자극에는 더 이상 반응하지 않습니다. 조금 더 깊게 숨을 쉬거나, 한 동작을 한 번 더 반복하는 것처럼 평소보다 조금 더 강한 자극을 주어야 몸이 적응하고 강해지는 과부하의 원리가 있습니다. 단, 그 자극은 '억지로 버티는 도전'이 아니라 내 몸이 감당할 수 있는 선에서의 도전이어야 합니다.

변화는 한 번에 오는 것이 아니라 조금씩 부하를 증가시켜야 지속적인 변화가 일어납니다. 처음엔 3~6회 정도로 시작해 익숙해지면 8~10회, 이후에는 2~3세트로 늘려가는 것이 점진성의 원리입니다. 필라테스는 나이에 상관없이 자신의 속도로 올라갈 수 있는 계단 운동과도 같습니다.

모든 사람의 체형과 체력, 생활습관은 다릅니다. 같은 동작이라도 누군가는 누워서, 또 누군가는 벽을 짚고, 혹은 의자에 앉아서 할 수 있습니다. 내 몸의 조건을 고려해 강도와 자세를 조절해야 부상을 예방할 수 있습니다. 운동은 '누구처럼'이 아니라 '나에게 맞게' 해야 합니다.

몸은 움직일 수 있는 범위 안에서 바르게 움직일 때 회복됩니다. 무리하게 더 멀리, 더 깊이 움직이려 하기보다 움직일 수 있는 범위 안에서 정렬을 지키는 것이 중요합니다. 필라테스의 핵심은 정확하게 움직이는 데 있습니다.

운동을 멈추면 몸은 서서히 예전 상태로 돌아가려 합니다. 하지만 희망적인 점, 한 번 배운 움직임의 감각은 완전히 사라지지 않는다는 것입니다. 다시 시작하면 훨씬 빠르게 회복됩니다. 한 번이라도 해본 몸은 다시 깨어납니다. 따라서 쉬어갈 수는 있어도, 멈추어서는 안 됩니다.

그렇다면 실제로 혼자 필라테스를 할 때는 어떻게 해야 할까요? 가장 안전하고 효과적인 방법은 세 단계 루틴으로 시작하는 것입니다. 필라테스 수업은 준비 동작으로 시작해 본 운동으로 이어지고, 마지막에는 정리 동작으로 마무리합니다. 준비 단계에서는 근육·관절·인대에 혈류가 늘고 근육의 점도가 줄어들며 부드럽게 움직임을 준비합니다. 마무리 단계에서는 심박수와 호흡, 체온이 서서히 내려가고, 사지에 몰렸던 혈액이 심장으로 돌아오면서 피로 물질이 줄어듭니다.

먼저, 몸을 깨우는 준비 단계입니다. 척추를 부드럽게 굽혔다 펴거나, 골반을 앞뒤로 움직이며 중심을 느끼는 작은 감각부터 시작하세요. 발바닥이 바닥에 닿는 느낌을 관찰하는 것으로 몸은 깨어납니다. '잘해야겠다'보다 내 몸이 어떻게 반응하는지 느끼는 태도가 중요합니다.

다음은 조절 단계, 즉 코어와 호흡을 연결하는 시간입니다. 숨을 내쉴 때 복부를 부드럽게 당기며 척추를 안정시키고, 들이쉴 때 갈비뼈와 복부가 확장되도록 합니다. 이렇게 호흡과 코어를 함께 느끼면 중심의 안정성이 생깁니다. 브리징이나 데드버그 같은 기본 동작들이 여기에 해당합니다. 핵심은 '힘의 크기'보다 '타이밍'입니다.

마지막은 통합 단계입니다. 필라테스를 통해 배운 감각을 일상 동작에 연결하는 과정입니다. 의자에서 일어날 때, 계단을 오를 때, 팔을 들 때 코어를 먼저 느끼며 움직이는 습관을 들이면 좋습니다. 거울 속의 자세보다 중요한 것은 '통증 없이 움직일 수 있는 일상'입니다. 운동의 효과를 높이려면 강도, 빈도, 안전을 조절해야 합니다. 근력 운동은 주 2~3회, 같은 근육은 하루 쉬어가는 것이 좋습니다. 필라테스는 반복 횟수보다 정확도가 핵심입니다. 열 번을 대충하는 것보다 다섯 번을 집중해서 하는 편이 훨씬 효과적입니다.

환경도 중요합니다. 운동 전후에 수분을 충분히 섭취하고, 너무 덥거나 추운지 확인해야 합니다. 바닥이 미끄럽지 않은지, 매트가 너무 얇지 않은지도 확인합니다. 무엇보다 '참고 버티기'는 좋은 운동이 아닙니다. 통증이 느껴지면 즉시 강도를 낮추세요. 혼자 운동을 하기 위해서는 '나 자신의 지도자'가 되어야 합니다. '해야 하니까'가 아니라 '이걸 하면 내가 편해질 거야'라고 자신에게 말해보세요. 그리고 배운 동작이 일상에서 어떤 도움이 되는지 연결해 보는 것도 좋습니다. '이 동작은 침대에서 일어날 때 도움이 될 거야.' '이 움직임은 계단을 오를 때 무릎을 덜 아프게 할 거야.' 이런 자기 대화가 동기부여가 됩니다. 매일 똑같은 루틴이 지루하다면 폼롤러, 밴드, 미니볼, 써클링 등 소도구로 강도나 속도를 바꿔보세요. 그리고 무엇보다 중요한 것은 자신에게 친절한 언어를 사용하는 것입니다. '오늘은 많이 못 했네.' 대신 '오늘 여기까지 한 것도 정말 잘한 거야.'라고 말하세요.

필라테스의 본질은 결국 '스스로 움직일 수 있는 몸'을 만드는 것입니다. 할 수 있는 만큼, 정확하게, 안전하게, 그리고 생활로 이어지게. 그것이 필라테스의 핵심입니다. 필라테스는 단순한 운동이 아니라, 오랫동안 굳어진 몸과 마음을 다시 일으키는 회복의 과정입니다. 몸의 감각을 깨우고, 호흡과 코어를 연결하며, 그 원리를 일상으로 확장해 나갈 때, 우리는 단순히 통증이 줄어든 몸이 아니라 내 삶을 내가 다시 책임질 수 있는 몸을 만나게 됩니다.

아무리 좋은 운동이라도, 언제나 혼자서만 할 수 있는 것은 아닙니다. 몸의 감각이 아직 익숙하지 않거나, 통증이 있거나, 호흡과 정렬이 어렵게 느껴질 때는 전문가의 안내가 큰 도움이 됩니다. 이때 필요한 것이 바로, 내 몸을 믿고 맡길 수 있는 좋은 필라테스 선생님입니다. 운동의 효과는 '무엇을 하느냐'보다 '어떻게 하느냐'에서 달라집니다. 혼자 몸의 변화를 느끼기 힘들다면 필라테스 선생님께 배우기를 추천합니다. 같은 동작이라도 설명하는 말 한마디, 자세를 잡아주는 손길 하나가 몸의 반응을 완전히 다르게 만들기 때문입니다.

필라테스를 시작하려는 분들이 가장 많이 하는 질문이 있습니다. "어떤 선생님에게 배워야 할까요?" 좋은 선생님은 "조금 더, 더 세게!"를 강요하지 않습니다. 대신 이렇게 물어봅니다. "이 정도는 괜찮으세요?" "힘드시면 여기까지만 하셔도 돼요." 몸이 회복하는 속도는 사람마다 다르기 때문에 "할 수 있는 만큼만, 하지만 꾸준히"의 원칙을 지켜주는 선생님이 가장 안전하고 신뢰할 만한 지도자입니다. 필라테스는 경쟁이 아니라 내 몸의 속도에 맞는 운동이어야 합니다. 좋은 선생님은 여러분이 적정 부하로 움직임의 속도를 조절할 수 있도록 도와주는 선생님입니다.

또 좋은 선생님은 언제나 운동의 의미를 일상 속에서 다시 연결해 줍니다. '이 동작은 나중에 바닥에서 일어날 때 도움이 돼요.' '이건 계단 내려갈 때 무릎 덜 아프게 해주는 연습이에요.' 이런 설명은 단순한 지식 전달이 아니라 운동이 삶으로 이어지게 만드는 다리 역할을 해주는 선생님이 좋은 선생님입니다. 수업에서 배운 원리를 생활 속에서 떠올릴 수 있게 도와주는 선생님이라면, 그 수업은 단순한 운동이 아니라 일상 회복 훈련이 됩니다.

필라테스는 반복의 운동이지만, 좋은 수업은 그 안에서도 리듬과 변화를 느낄 수 있습니다. 강도, 속도, 도구, 자세를 조금씩 바꾸어 몸과 뇌가 함께 깨어 있도록 구성해 주는 선생님이라면 그 수업은 몸에 신선한 자극을 줍니다. 다만 변화 속에서도 항상 안전이 우선이어야 합니다. 움직임을 다양하게 시도하되, '무리하지 않는 한계선'을 함께 지켜주는 선생님이 진짜 몸을 아는 사람입니다.

아프지 않게 움직이는 법, 오늘부터 필라테스

무엇보다도 좋은 수업은 기술보다 분위기에서 시작됩니다. 시간을 지키는 선생님, 수업 전후로 매트와 기구를 점검하는 태도, 회원의 이름을 기억해주는 관심, 그리고 "오늘 오셔서 정말 잘하셨어요."라는 한마디. 이런 사소한 행동들이 결국 "나는 이곳에서 내 몸을 맡겨도 괜찮다."는 안도감을 만듭니다. 몸을 회복하는 데에는 신뢰와 편안함이 가장 큰 약입니다.

좋은 선생님은 어려운 해부학 용어보다 쉬운 말과 몸의 느낌으로 안내합니다. "이렇게 하면 허리에 부담이 덜 갑니다." "지금처럼 하면 어깨가 훨씬 편해지실 거예요." 그리고 말로만 설명하지 않고, 직접 동작을 보여주며 눈으로 이해할 수 있게 돕습니다. 운동은 '이해'가 아니라 '습득'이기 때문입니다. 설명이 쉽고 시범이 명확한 수업일수록, 몸은 빠르게 배우고 기억합니다.

혹시나 운동 중 다음과 같은 증상이 있다면 반드시 멈추시길 바랍니다. 갑자기 심하게 어지럽거나, 가슴이 답답하고 통증이 느껴지거나, 숨이 평소보다 훨씬 더 가빠질 때는 "괜찮겠지."보다 멈춤이 우선입니다. 바로 동작을 중단하고 앉거나 누워 호흡을 가다듬으세요. 필요하다면 병원 진료를 받는 것이 가장 현명한 선택입니다. 몸을 지키는 운동은 결국 멈출 줄 아는 운동입니다.

너무 힘든 수업보다 조금 여유 있는 수업부터 시작하는 것이 좋습니다. "이 수업이 나를 도와주는가, 몰아붙이는가"를 기준으로 선택하세요. 운동 후 통증보다 개운함이 남는 수업이라면, 그건 내 몸에 맞는 수업입니다. 그리고 하루보다 한 달 후의 내 몸을 보세요. 변화는 천천히, 그러나 분명하게 옵니다.

좋은 필라테스 선생님은 내 몸을 '조종'하는 사람이 아니라 내 몸이 스스로 회복하도록 안내하는 사람입니다. 그런 선생님을 만났을 때, 움직임은 고통이 아니라 회복이 되고, 운동은 숙제가 아니라 위로가 됩니다. 필라테스를 배운다는 것은 단순히 근육을 단련하는 일이 아니라 내 몸과 다시 친해지는 과정입니다. 내 몸을 사랑하는 과정입니다. 당신의 몸이 편안히 머물 수 있는 따뜻한 공간과 선생님을 만나기를 바랍니다.

5장

필라테스가 바꾸는 삶

앞에서 우리는 필라테스가 코어와 정렬, 호흡을 중심으로 몸의 움직임을 다시 배우는 운동임을 알게 되었습니다. 이제는 그 변화가 실제 삶 속에서의 신체의 변화, 마음의 회복, 그리고 오늘부터 어떻게 시작하면 좋을지를 정리하며 이 책을 마무리해 보려 합니다.

신체의 변화는 단순히 근육이 조금 더 붙어서 생긴 결과가 아닙니다. 몸이 어떻게 움직여야 하는지, 어떤 순서로 힘을 써야 하는지를 다시 배운 결과입니다. 필라테스를 꾸준히 하다 보면 '잘 움직였을 때의 편안함'과 '무리했을 때의 피로감'을 구분할 줄 알게 됩니다. 그 감각이 바로 몸과 나 사이의 대화가 다시 열리는 순간입니다.

먼저, 필라테스로 신체적 변화를 느낄 수 있습니다.

필라테스는 숨을 깊게 쉬고, 정렬을 유지한 상태에서 천천히 몸을 사용하는 운동입니다.

이 과정에서 심장과 혈관, 호흡계가 함께 강화됩니다. 횡격막과 갈비뼈, 복부를 충분히 사용하는 호흡을 반복하면서 폐는 더 많이 확장됩니다. 그로 인해 1회 호흡량이 늘어나며, 심장은 더 효율적으로 피를 내보냅니다. 그 결과 안정 시 맥박수가 서서히 줄고, 숨이 덜 차게 됩니다. 예전에는 중간에 한 번은 꼭 쉬어야 하는 계단을 이제는 힘들어도 충분히 오르내릴 수 있는 계단으로 바뀝니다.

근육과 관절, 뼈에도 의미 있는 변화가 일어납니다. 필라테스는 복횡근, 다열근, 골반저근, 횡격막과 같은 몸통 깊은 코어 근육을 먼저 깨우는 데 집중합니다. 이 중심이 단단해질수록 팔과 다리는 더 적은 힘으로 효율적으로 움직일 수 있게 됩니다. 근육량이 서서히 늘어나고, 근육의 에너지 효율이 좋아지며, 체지방 비율도 조금씩 줄어듭니다. 근육의 협응력이 좋아지면 관절의 중립 위치에 유지하면서 움직일 수 있습니다. 바른 정렬을 유지한 채 움직이는 연습을 반복하는 셈입니다. 특정 관절에만 쏠리던 압력이 줄고, 관절 주변의 작은 근육들까지 활성화되어 무릎·허리·어깨에 가던 부담이 고르게 분산됩니다. 쓰면 쓸수록 아픈 관절이 잘 쓰면 지킬 수 있는 관절로 서서히 바뀌어 가는 것입니다.

이런 움직임의 변화는 대사 건강에도 영향을 미칩니다. 필라테스 역시 꾸준히 반복되는 신체 활동이기 때문에, 혈당 조절 능력을 향상시키고, 대사증후군이나 고지혈증과 같은 만성질환의 위험을 낮추는 데 도움이 됩니다. 혈중 콜레스테롤과 중성지방 수치가 개선되고, 면역 기능과 회복 속도도 점차 좋아집니다. 특히 고강도 운동이 부담스러운 사람들에게 필라테스는 안전하면서도 효과적인 선택이 될 수 있습니다.

신경계와 균형 능력도 변합니다. "어디에 힘을 줄까?", "어떤 순서로 움직일까?", "숨과 동작을 어떻게 맞출까?" 질문에 답하며 움직이는 동안 신경과 근육의 연결이 점점 더 선명해집니다. 몸을 조절하는 능력, 협응력, 균형 감각, 반응 속도가 함께 좋아집니다. 나이가 들어도 몸을 쓰는 기술은 다시 배울 수 있고, 다시 좋아질 수 있다는 사실을 온몸으로 확인하게 됩니다.

필라테스의 호흡은 소화와 배변에도 도움을 줍니다. 횡격막·복부·골반저근을 함께 쓰는 호흡은 배 안의 장기를 부드럽게 마사지하는 것처럼 작용합니다. 복부 주변 혈류가 좋아지고 장운동이 활발해지면서 소화가 조금씩 편해지고, 배변 리듬도 안정되는 경우가 많습니다. 오래 앉아 있어 배가 더 부룩하고 속이 자주 불편한 사람에게 필라테스 호흡은 부드러운 내장 운동처럼 느껴지기도 합니다.

모든 것을 종합해 보면, 필라테스는 무겁게 들거나 오래 버티는 힘보다 "필요한 만큼만 힘을 쓰고 나머지는 이완할 줄 아는 능력"을 더 중요하게 여깁니다. 이 점이 필라테스를 다른 운동과 구별되게 하는 핵심입니다.

몸이 이렇게 변해 갈수록 마음에도 자연스럽게 변화가 일어납니다. 수업이 진행될수록 "저는 못해요, 할 수 있을까요?"라고 묻던 분이 시간이 지나면 "하다보면 되겠죠?"라고 말씀하십니다. 이렇게 몸이 변하면 마음도 함께 변합니다. 움직임이 부드러워질수록 생각은 유연해지고, 통증이 줄어들수록 표정이 밝아집니다. 예전에는 '운동은 힘든 일'이었다면, 어느 순간부터 '운동이 나를 살리는 일'로 느껴지기 시작합니다. 몸이 변할 때, 삶을 대하는 태도와 하루의 기분, 나 자신을 바라보는 시선까지 함께 달라집니다.

필라테스의 큰 선물 중 하나는 "내 몸을 내가 조절할 수 있다"는 감각입니다. 통증 때문에 움츠러들었던 자세가 조금씩 펴지고, 옷깃을 여미고 고개를 숙이던 몸이 서서히 위를 향해 올라옵니다. 이 과정은 단순한 체력 회복이 아니라 자기 돌봄의 시작입니다. 필라테스를 하면서 사람들은 누군가의 지시만 따라 움직이는 것이 아니라, 내 몸의 상태를 직접 느끼고, 오늘의 한계를 스스로 판단하는 법을 다시 배웁니다.

"오늘은 여기까지."

"이 동작은 조금 불편하다."

"이 정도는 괜찮다."

이렇게 몸의 신호를 스스로 해석하고 조절하면서, 내 몸을 내가 관리할 수 있다는 자립의 감각이 자라납니다.

호흡에 집중하는 시간은 자연스럽게 마음을 현재로 데려옵니다. 숨을 들이쉬고 내쉬는 동안 의식은 어제의 걱정과 내일의 불안에서 잠시 벗어나 지금 여기에 있는 내 몸으로 돌아옵니다.

이 작은 마음챙김의 연습이 수업마다 조금씩 쌓이면서, 긴장이 완화되고 머릿속이 조금 더 조용해지는 경험이 반복됩니다. 통증이 줄어들면 불안도 함께 줄어듭니다.

"움직였다가 더 아프면 어떡하지?"라는 두려움이 서서히 약해지고, "방법을 알고, 조심해서 움직이면 괜찮다."라는 확신이 자리를 잡습니다. 이는 단지 통증의 변화가 아니라, 삶을 대하는 태도의 변화입니다. 그래서 필라테스는 몸의 운동이면서 동시에 마음의 회복 프로그램이라고 말할 수 있습니다. 몸이 조금씩 좋아질 때 마음이 따라 회복되고, 마음이 안정될 때 우리는 몸을 더 잘 돌볼 수 있습니다. 이 선순환이 반복되면서 "나이 들어서 어쩔 수 없다."는 체념 대신 "아직 할 수 있는 것이 있다."는 희망이 자리를 잡습니다.

이제 남는 질문은 이것일지 모릅니다.

"지금 나이에 시작해도 괜찮을까?"

"몸이 너무 뻣뻣한데 필라테스를 해도 될까?"

많은 사람들이 비슷한 고민을 안고 문을 두드립니다.

그럴 때마다 저는 이렇게 대답합니다.

"필라테스는 잘하는 사람이 하는 운동이 아니라, 필요한 사람이 하는 운동입니다."

필라테스를 시작하는 데 필요한 것은 값비싼 기구도, 멋진 운동복도, 완벽한 유연성도 아닙니다. 이제는 나를 한번 돌보고 싶다는 마음이면 충분합니다. 준비물은 생각보다 단순합니다. 편안한 복장, 작은 매트 한 장, 그리고 숨을 들이쉬고 내쉴 수 있는 호흡 하나. 이미 이것만으로도 시작할 수 있습니다. 숨을 들이쉬고 내쉬는 그 순간, 그 호흡이 바로 당신의 필라테스이며, 회복의 첫걸음입니다. 처음에는 동작이 어렵게 느껴질 수 있습니다. 몸이 굳어 있는 것 같고, 잘 따라하지 못하는 것

아프지 않게 움직이는 법, 오늘부터 필라테스

같을 수도 있습니다. 하지만 걱정하지 않으셔도 됩니다. 필라테스는 누구나, 어느 시점에서든, 자기 속도에 맞게 시작할 수 있는 운동입니다. 가장 중요한 것은 완벽하게 해내는 것이 아니라, 멈추지 않고 계속 시도하는 것입니다. 하루에 단 10분이라도 괜찮습니다.

그 시간이 통증 없는 내일을 위한 가장 확실한 선물이 됩니다.

이 책은 노화와 통증, 코어와 정렬, 호흡과 필라테스의 원리, 그리고 몸과 마음이 회복되는 과정을 따라 천천히 걸어온 여정이었습니다.

완벽하지 않아도 됩니다. 단 한 번의 숨, 단 한 번의 움직임이 당신의 몸을 다시 일으키는 시작이 될 것입니다. 필라테스는 근육을 단련하는 운동이 아닙니다. 내 몸을 믿고, 내 삶을 돌보는 연습입니다. 그 한 번의 호흡이 당신의 회복을 시작하게 할 것입니다. 그 움직임이 당신의 몸을 다시 일으키고, 당신의 마음을 다시 숨 쉬게 하며, 당신의 삶을 다시 빛나게 할 것입니다.

노화는 멈출 수 없습니다. 하지만 노화의 모습은 선택할 수 있습니다. 몸이 스스로를 지탱하는 힘을 잃기 전에, 통증이 일상을 삼키기 전에, 움직임으로 몸과 마음을 다시 깨우는 일. 그것이 바로 필라테스입니다.

지금 몇 살이든, 너무 늦지도, 너무 이르지도 않습니다. 당신의 몸은 여전히, 회복을 기억하고 있습니다. 그리고 그 기억이 깨어나는 순간, 당신의 새로운 하루가 시작될 것입니다.

몸을 회복시키는 일은 생각보다 훨씬 단순합니다.

비싼 기구나 복잡한 동작이 필요하지 않습니다.

매트 한 장 위에서, 숨을 고르고, 몸의 감각을 하나씩 깨워가는 일부터 시작합니다.

이제 필요한 건, 매트 위에 몸을 올려놓을 용기입니다.

이 책에 나오는 동작들은 복잡하지 않습니다.

누워서, 엎드려서, 옆으로 기대며 누구나 따라 할 수 있도록

하나하나의 움직임을 작게 나누어 설명했습니다.

단계를 천천히 따라가다 보면 어느새 몸이 스스로 배우기 시작합니다.

굳어 있던 근육이 깨어나고, 작은 움직임 하나에도 힘의 방향이 느껴집니다.

이 책의 동작들을 완성할 수 있다면,

그때는 이미 기존의 필라테스 동작을 무리 없이 따라갈 수 있는 몸이 되어 있을 것입니다.

시작은 작지만, 그 과정이 바로 몸이 회복되고 강해지는 가장 확실한 길입니다.

그 준비가 되어 있다면, 지금부터 실전 루틴을 시작해 볼까요?

맨몸으로
시작하는 필라테스

REHABILITATION
& PILATES

 **누운 자세 - 척추와 골반을 편안하게**

1. 호흡 모듈(breathing)

- **효과**
  폐활량 증대, 긴장 감소, 호흡 인지
- **반복**
  3~5회
- **포인트**
  코로 들이마시고 입으로 내쉬는 것이 기본이다.
  호흡할 때는 폐에서 공기를 쥐어짜듯 숨을 완전히 내쉰다.

- **준비 자세**
  등을 대고 누워 무릎을 구부리고 발바닥을 바닥에 내려놓는다.
  팔은 가장 편하게 느껴지는 곳에 둔다.
  필요하다면 머리 밑에 작은 베개나 타월을 둔다.

● **unit 1. 흉곽 호흡**

횡격막을 위아래로 움직이며 흉곽을 넓혔다 좁혔다 하는 호흡법이다.

숨을 들이마시면 가슴은 부풀어 오르고 배는 볼록해진다.

숨을 내쉬면 가슴이 오그라들고 배가 납작해진다.

● **unit 2. 옆구리 호흡**

한쪽 옆구리에 공기를 넣는 듯한 느낌의 호흡법이다.

숨을 마실 때 흉곽이 옆으로 넓어진다.

숨을 내쉴 때 흉곽이 안으로 좁아진다.

● **unit 3. 등 호흡**

숨을 마실 때 등을 뒤로 밀어내듯 넓어지는 느낌으로 호흡한다.

숨을 내쉴 때 흉곽이 수축하면서 복부와 등이 동시에 수축한다.

2. 복부 모듈(table top)

- **효과**
  복부 가동, 척추의 안정성 증대, 척추의 압력을 낮춤
- **반복**
  3~5회
- **포인트**
  귀와 어깨 간격을 넓게 유지한다.
  다리를 들어 올릴 때 갈비뼈를 모은다.

- **준비 자세**
  바로 누운 자세에서 두 다리는 평행하게 붙여 무릎을
  구부려 발바닥을 바닥에 내려놓는다.
  양팔은 뻗어 몸 옆에 내리고 손바닥이 바닥을 향하게
  한다.

- **unit 1.**

마시며 허벅지 안쪽을 조이면서 배꼽을

가슴 쪽으로 당긴다.

골반을 뒤로 말아서 바닥에 붙인다.

- **unit 2.**

마시며 두 다리 무릎을 접어 가슴 쪽으로 당긴다.

- **unit 3.**

내쉬며 허리를 바닥에 붙일 수 있을 만큼

다리를 바닥으로 천천히 내린다.

3. 하체 모듈 Ⅰ(leg lift)

- **효과**
  골반과 엉덩이관절 사이의 연결을 인식, 골반 안정
  화, 엉덩이관절 가동성
- **반복**
  10회
- **포인트**
  골반이 움직이지 않는 범위에서 다리를 움직인다.
  양쪽 어깨뼈를 이완시켜 매트에 붙인다.

- **준비 자세**
  바로 누운 자세에서 두 다리는 평행하게 붙여 무릎을
  90도로 굽히고 양다리를 서로 붙인다.
  양팔은 뻗어 몸 옆에 내리고 손바닥이 바닥을 향하게
  한다.

- **unit 1.**

마시며 한쪽 다리 무릎을 세워 가슴 쪽으로

당긴다.

들어 올린 발의 발목을 길게 편다.

내쉬며 바닥으로 천천히 내린다.

- **unit 2.**

마시며 한쪽 다리 무릎을 세워 가슴 쪽으로

당긴다.

마시며 반대편 다리 무릎을 세워 가슴 쪽으로

당긴다.

내쉬며 바닥으로 천천히 내린다.

- **unit 3.**

내쉬며 한쪽 다리의 발꿈치가 바닥으로

미끄러지듯 뻗는다.

마시며 시작 자세로 돌아온다.

아프지 않게 움직이는 법, 오늘부터 필라테스

4. 하체 모듈 II (leg stretch)

- **효과**
  다리 움직임에 대한 인지력과 복부 근육 강화
- **반복**
  10회
- **포인트**
  다리 운동 시 허리를 바닥에 붙인다.
  골반이 틀어지지 않도록 한다.
  양어깨를 이완시켜 매트에 댄다.
  동작 내내 양팔은 같은 자세로 유지한다.

- **준비 자세**
  바로 누운 자세에서 두 다리는 평행하게 붙여 무릎을
  구부려 가슴 쪽으로 당긴다.
  양팔은 뻗어 몸 옆에 내리고 손바닥이 바닥을 향하게
  한다.

- **unit 1.**

내쉬며 발바닥을 밀듯이 한쪽 다리를 사선으로 뻗는다.

왼쪽 다리는 무릎과 고관절 90도 각도를 유지한다.

마시고 시작 자세로 돌아온다.

반대 방향도 같은 방법으로 실시한다.

- **unit 2.**

내쉬며 발바닥을 밀듯이 두 다리를 사선으로 뻗는다.

마시고 시작 자세로 돌아온다.

- **unit 3.**

내쉬며 머리 뒤에 두 손을 대고 날개뼈까지 들어 올린다.

마시고 시작 자세로 돌아온다.

5. 하체 모듈 III(hip mobility)

- **효과**
  다리와 복부 연결을 인지, 다리 움직임 인지
- **반복**
  6~8회
- **포인트**
  다리 운동 시 골반이 틀어지지 않는다.
  어깨가 올라가지 않도록 한다.
  두 다리의 움직임의 범위가 동일하다.

- **준비 자세**
  바로 누운 자세에서 두 다리는 평행하게 붙여 무릎을 구부려 가슴 쪽으로 당긴다.
  양팔은 뻗어 몸 옆에 내리고 손바닥이 바닥을 향하게 한다.

- **unit 1.**

내쉬며 발꿈치 모으며 무릎의 밖으로 돌려 개구리 다리 모양을 만든다.
마시며 시작 자세로 돌아온다.

- **unit 2.**

내쉬며 두 무릎 닿으며 발뒤꿈치를 밖으로 돌린다.
마시고 시작 자세로 돌아온다.

- **unit 3.**

내쉬며 두 다리 사선으로 뻗는다.
마시며 발꿈치 닿기, 내쉬며 발가락 닿기를 번갈아 한다.

아프지 않게 움직이는 법, 오늘부터 필라테스

6. 하체 모듈 IV(hip twist)

● 효과
다리와 복부 연결을 인지, 골반의 안정성

● 반복
6~8회

● 포인트
골반이 틀어지지 않는다.
어깨가 올라가지 않도록 한다.

● 준비 자세
바로 누운 자세에서 두 다리는 평행하게 붙여 무릎을
구부려 가슴 쪽으로 당긴다.
두 손은 몸통 옆에 손바닥이 아래를 향하게 놓는다.
양다리와 발목을 붙인다.

● unit 1.

내쉬며 두 다리 모아 왼쪽 45도 방향으로 천천히 움직인다.

골반과 척추가 따라서 회전한다.

마시며 척주, 골반, 양다리 순으로 시작 자세로 돌아온다.

반대 방향도 같은 방법으로 실시한다.

● unit 2.

마시며 허벅지 안쪽을 조이는 힘을 유지한다.

내쉬며 배꼽에 가까운 한 다리를 왼쪽 대각선으로 뻗는다.

마시며 시작 자세로 돌아온다.

반대 방향도 같은 방법으로 실시한다.

● unit 3.

내쉬며 두 다리를 동시에 왼쪽 대각선으로 뻗는다.

마시며 시작 자세로 돌아온다.

반대 방향도 같은 방법으로 실시한다.

7. 골반 모듈(bridge)

● **효과**

척추의 분절, 허벅지 후면 근육, 엉덩이 근육, 복근,
등 신전근 강화 발목 가동성

● **반복**

4~6회

● **포인트**

허리가 뒤로 꺾이지 않을 만큼 엉덩이를 들어 올린
다. 가슴을 앞으로 내밀지 않는다.

● **준비 자세**

바로 누운 자세에서 두 다리는 평행하게 붙여 무릎을
구부려 발바닥을 바닥에 내려놓는다.
두 손은 몸통 옆에 손바닥이 아래를 향하게 놓는다.
양발과 양 무릎을 골반 너비로 벌린다.

● **unit 1.**

마시며 골반을 뒤로 굴리는 느낌으로 꼬리뼈를

먼저 들어 올린다.

마시며 시작 자세로 돌아온다.

● **unit 2.**

내쉬며 몸무게가 날개뼈 사이에 위치할 때까지

척추를 한 마디씩 천천히 들어 올린다.

어깨부터 무릎까지 일직선을 유지한다.

마시고 내쉬며 등부터 바닥에 내려놓고

시작 자세로 돌아온다.

● **unit 3.**

마시고 엉덩이의 높이를 유지하고

엉덩이 들고 발가락 들어 올린다.

내쉬며 발뒤꿈치를 들어 올린다.

마시며 발뒤꿈치를 천천히 바닥으로 내린다.

아프지 않게 움직이는 법, 오늘부터 필라테스

8. 상체 모듈(arm circle)

- **효과**
  어깨와 코어 연결을 인지, 날개뼈 움직임 인지
- **반복**
  3~5회
- **포인트**
  목과 어깨의 간격을 넓게 유지한다.
  어깨가 위로 올라가지 않도록 한다.

- **준비 자세**
  바로 누운 자세에서 두 다리는 평행하게 붙여 무릎을
  구부려 발바닥을 바닥에 내려놓는다.
  두 손은 몸통 옆에 손바닥이 아래를 향하게 놓는다.

- **unit 1.**

내쉬며 두 팔을 천장으로 길게 뻗어 날개뼈 바닥에서 띄운다.

마시며 뒤로 밀어 시작 자세로 돌아온다.

- **unit 2.**

마시며 두 팔을 머리 위로 뻗는다.

내쉬며 두 손을 내려서 가슴 앞에서 뻗는다.

- **unit 3.**

마시며 두 팔을 양옆으로 벌린다.

내쉬며 어깨 높이에서 팔을 안에서 밖으로, 마시며 밖에서 안으로 원을 그린다.

반대 방향도 같은 방법으로 실시한다.

9. 협응성 모듈 Ⅰ (extremity coordination)

- **효과**

  척추 신전근과 복부 강화, 어깨 조절 능력 향상

- **반복**

  6~8회

- **포인트**

  다리를 움직일 때 허리를 과하게 펴지 않는다.

- **준비 자세**

  바로 누운 자세에서 두 다리는 평행하게 붙여 무릎을 구부려 발바닥을 바닥에 내려놓는다.

  두 손은 어깨 위 천장 방향으로 편다.

- unit 1.

  마시며 두 다리를 가슴으로 당긴다.

- unit 2.

  내쉬며 발바닥으로 벽을 밀듯이

  두 다리를 사선으로 뻗는다.

  마시며 시작 자세로 돌아온다.

- unit 3.

  내쉬며 두 팔을 머리 위로 뻗는다.

  마시며 시작 자세로 돌아온다.

- unit 4.

  내쉬며 동시에 팔, 다리를 사선으로 뻗는다.

아프지 않게 움직이는 법, 오늘부터 필라테스

10. 협응성 모듈 Ⅱ(saw)

- ● **효과**
  복부 강화, 골반 안정성 강화, 척추 가동성 증가
- ● **반복**
  6~8회
- ● **포인트**
  어깨는 내리고 팔꿈치는 넓게 유지한다.
  몸통과 골반의 네모 모양을 유지한다.

- ● **준비 자세**
  바로 누운 자세에서 두 다리는 평행하게 붙여 무릎을
  구부려 발바닥을 바닥에 내려놓는다.
  두 손은 천장으로 뻗는다.

- ● unit 1.

마시며 두 다리 가슴 쪽으로 당긴다.

내쉬며 시작 자세로 돌아간다.

- ● unit 2.

내쉬며 오른손으로 머리 받치고

왼손을 오른쪽 무릎의 바깥쪽에 붙인다.

마시며 왼손을 사선으로 뻗으며 상체를 천천히 내린다.

- ● unit 3.

내쉬며 왼손을 오른쪽 무릎에 바깥쪽 두고, 왼쪽 다리 뻗는다.

마시며 다리를 구부린 후 상체를 천천히 내린다.

반대 방향도 같은 방법으로 실시한다.

2 엎드린 자세 - 굽은 등을 펴고 어깨 긴장 풀기

1. 하체 모듈 Ⅰ(swimming)

- **효과**
  어깨 안정화, 엉덩근 폄근 강화, 척추 폄근 강화
- **반복**
  6~8회
- **포인트**
  복부의 수축으로 배꼽을 바닥에서 띄운다. 골반을 바닥에 붙여서 허리가 과하게 꺾이지 않도록 한다. 다리를 뻗을 때 하지의 정렬을 유지한다. 목과 어깨의 간격을 넓게 유지한다.

- **준비 자세**
  엎드려 양쪽 아래팔을 세배하듯이 아래위로 겹치게 해 그 위에 이마를 얹는다.
  골반이 천장과 평행하게 중립 상태에서 치골을 바닥에 누른다.
  척추는 자연스러운 S자 곡선을 그리도록 하고 등을 넓게 펼친다.
  양다리를 펴서 골반 너비로 벌린다.

- **unit 1.**

  내쉬며 한쪽 다리는 무릎을 펴고 바닥에서
  허벅지가 들리는 느낌으로 길게 뻗는다.
  마시며 다리를 천천히 바닥으로 내린다.

- **unit 2.**

  내쉬며 두 다리를 동시에 바닥에서
  허벅지가 들리는 느낌으로 길게 뻗는다.
  마시며 다리를 천천히 바닥으로 내린다.

- **unit 3.**

  내쉬며 한 다리씩 뻗는다.
  마시며 두 다리를 교차하여 길게 뻗는다.
  동작 내내 무릎을 곧게 편다.

아프지 않게 움직이는 법, 오늘부터 필라테스

2. 하체 모듈 II (frog)

- **효과**
  어깨 안정화, 엉덩이 폄근 강화, 엉덩이 관절 스트레칭
- **반복**
  6~8회
- **포인트**
  복부의 수축으로 배꼽에 바닥에서 띄운다.
  허리가 과하게 꺾이지 않도록 한다.
  다리를 뻗을 때 하지를 정렬한다.
  목과 어깨의 간격을 넓게 유지한다.

- **준비 자세**
  엎드려 양쪽 아래팔을 세배하듯이 아래위로 겹치게
  해 그 위에 이마를 얹는다.
  골반이 천장과 평행하게 중립 상태에서 치골을 바닥
  에 누른다.
  척추는 자연스러운 S자 곡선을 그리도록 하고 등을
  넓게 펼친다.

- **unit 1.**

내쉬며 두 다리를 동시에 바닥에서

허벅지가 들리는 느낌으로 길게 뻗는다.

마시며 두 다리를 바닥으로 내린다.

- **unit 2.**

내쉬며 허벅지 안쪽을 조이듯이 발꿈치를

몸의 가운데로 모은다.

마시며 발뒤꿈치를 골반 넓이만큼 벌린다.

- **unit 3.**

내쉬며 발뒤꿈치를 모아 엉덩이 쪽으로 끌어당긴다.

마시며 두 다리를 길게 뻗는다.

3. 하체 모듈 III(leg kick)

● **효과**
어깨 안정화, 척추 폄근과 엉덩이 폄근 강화, 엉덩이
관절 스트레칭 향상

● **반복**
6~8회

● **포인트**
동작 내내 날개뼈의 자세를 유지한다.
골반을 바닥에 붙인다.
허리가 뒤로 꺾이지 않도록 한다.
귀와 어깨가 멀어지도록 유지한다.

● **준비 자세**
엎드려 양쪽 아래팔을 세배하듯이 아래위로 겹치게
해 그 위에 이마를 얹는다.
골반이 천장과 평행하게 중립 상태에서 치골을 바닥
에 누른다.
척추는 자연스러운 S자 곡선을 그리도록 하고 등을
넓게 펼친다.
양다리를 골반 너비로 벌리고 발목을 길게 편다.

● unit 1.
내쉬며 오른 다리 발등을 길게 뻗은 상태로
발꿈치를 궁둥이 쪽으로 들어 올린다.
다리를 폈다가 굽히는 동작을 3회 반복한다.
마시며 시작 자세로 돌아온다.
반대 다리도 같은 방법으로 실시한다.

● unit 2.
내쉬며 발등을 길게 뻗은 상태로 양쪽 발꿈치를 궁둥
이 쪽으로 들어 올린다.
마시며 시작 자세로 돌아온다.

● unit 3.
내쉬며 발바닥을 천장을 들어 올리듯 밀어 올린다.
마시고 시작 자세로 돌아온다.

아프지 않게 움직이는 법, 오늘부터 필라테스

4. 상체 모듈 Ⅰ (swan)

- **효과**
  엉덩이 폄근과 척추 폄근 강화, 어깨 안정화
- **반복**
  4~6회
- **포인트**
  허리에 압박이 가지 않도록 하고, 양다리를 뒤로 쭉
  뻗어야 한다.
  상체를 들어 올리기 전 배꼽을 바닥에서 먼저 띄운다.
  윗몸을 일으킬 때 척주를 중립으로 유지한다.
  머리를 들어 올릴 때 시선은 아래를 향한다.

- **준비 자세**
  양 팔꿈치를 귀 옆에서 옆으로 다이아몬드 모양으로
  벌려 머리를 댄 후 엎드린다.
  골반이 천장과 평행하게 중립 상태에서 치골을 바닥
  에 누른다.
  양다리는 골반 너비로 벌린다.
  척추는 자연스러운 S자 곡선을 그리도록 하고 등을
  넓게 펼친다.

- **unit 1.**

  내쉬며 팔꿈치로 바닥을 밀어내며 머리를
  길게 뻗어 올리며 꼬리뼈를 뒤로 부드럽게 내린다.
  마시며 머리를 천천히 바닥으로 내린다.

- **unit 2.**

  양 팔꿈치는 어깨관절 밑에 두고 어깨관절보다
  조금 넓게 벌린다.
  손바닥으로 바닥을 밀어내며 가슴까지 들어 올린다.
  마시며 가슴과 머리를 순서대로 바닥으로 내린다.

- **unit 3.**

  내쉬며 머리, 목, 가슴, 배, 골반을 차례로 들어 올린다.
  동시에 양팔 팔꿈치를 서서히 최대한 편다.
  겨드랑이를 꼬리뼈 방향으로 내린다.
  가능한 범위만큼 척추를 편다.
  마시며 배, 가슴, 머리 순으로 천천히 바닥에 내린다.

5. 상체 모듈 II (chest extension)

- **효과**

  목 조절 증가, 척추 폄근 강화, 어깨 안정화

- **반복**

  4~6회

- **포인트**

  갈비뼈가 벌어지지 않도록 한다.

  몸통을 회전할 때 골반이 틀어지지 않도록 한다.

  머리가 바닥으로 떨어지지 않는다.

- **준비 자세**

  배를 바닥에 대고 두 손을 머리 위로 뻗고 엎드린다. 골반이 천장과 평행하게 중립 상태에서 치골을 바닥에 누른다.

- **unit 1.**

  내쉬며 배꼽을 바닥에서 들어 올린다.

  머리를 길게 뻗어 올리며 꼬리뼈를

  뒤로 부드럽게 내린다.

- **unit 2.**

  마시며 오른쪽 팔꿈치를 구부려

  등 뒤로 당긴다.

  왼팔도 같은 방법으로 반복한다.

  내쉬며 팔을 앞으로 천천히 뻗어

  시작 자세로 돌아온다.

- **unit 3.**

  마시며 몸통을 정면에 두고 두 팔꿈치를

  등 뒤로 당긴다.

  내쉬며 팔을 앞으로 천천히 뻗어

  시작 자세로 돌아온다.

아프지 않게 움직이는 법, 오늘부터 필라테스

 **3** **옆으로 누운 자세 - 허리 부담 없이 몸통 강화하기**

1. 하체 모듈 Ⅰ (side kick)

● **효과**
  몸통 안정성 향상, 엉덩이관절 유연성 및 조절 능력
  향상

● **반복**
  8~12회

● **포인트**
  허리를 과하게 꺾지 않는다.
  코-배꼽 일직선을 유지한다.
  골반은 바닥과 수직을 유지할 만큼 다리를 움직인다.
  시선은 정면을 본다.

● **준비 자세**
  신체 정면이 벽을 향하도록 옆으로 눕는다.
  골반이 바닥과 수직이 되도록 중립을 유지한다.
  골반부터 척추까지 쭉 펴서 자연스러운 S자 곡선을
  만든다.
  한 손은 머리를 받치고, 반대쪽 손은 몸통 앞의 매트
  를 짚는다.

● **unit 1.**

내쉬며 아래쪽 다리는 바닥에 고정하고
위쪽 다리를 앞으로 찬다.

● **unit 2.**

마시며 아래쪽 다리는 바닥에 고정하고
위쪽 다리를 뒤로 찬다.

● **unit 3.**

내쉬며 아래쪽 다리를 구부려 골반의 움직임 없이
위쪽 발끝으로 작은 원 그린다.
반대 다리도 같은 방법으로 실시한다.
양쪽 방향으로 똑같은 크기의 원을 똑같은 속도로 그려야 한다.

2. 하체 모듈 II (passe)

- **효과**

  엉덩이 주위 근육 강화, 엉덩이 관절 유연성 향상, 코어 강화

- **반복**

  8~12회

- **포인트**

  상체가 흔들리지 않도록 한다.

  다리를 급하게 올리지 않는다.

  다리를 들어 올릴 때 엉덩이가 들리지 않도록 한다.

- **준비 자세**

  옆으로 누운 자세에서 두 다리의 무릎을 접어 겹쳐 놓는다.

  한 손은 머리를 받치고, 반대쪽 손은 몸통 앞으로 매트를 짚는다.

- **unit 1.**

  내쉬며 위쪽 다리 접어 무릎을 밖으로 회전한다.

- **unit 2.**

  내쉬며 위쪽 다리를 밖으로 회전하면서

  다리를 천장으로 뻗는다.

- **unit 3.**

  마시며 무릎이 정면을 향하도록 안으로 회전하며 다리를 바닥으로 천천히 내린다.

아프지 않게 움직이는 법, 오늘부터 필라테스

3. 하체 모듈 III(side leg lift)

- **효과**
  엉덩이 내·외측 근육 강화, 코어 강화
- **반복**
  8~12회
- **포인트**
  아래쪽 옆구리를 바닥에서 들어 올려 허리 양쪽의 길이를 유지한다.
  다리를 올릴 때 목과 어깨가 긴장되지 않는다.
  다리를 들어 올릴 때 엉덩이가 들리지 않도록 한다.

- **준비 자세**
  옆으로 누운 자세에서 두 다리는 위아래가 겹쳐진 상태로 무릎을 편다.
  아래쪽 팔은 팔베개하고 위쪽 손은 바닥을 짚는다.

- **unit 1.**

  내쉬며 위쪽 다리를 발끝을 벽으로 밀듯이
  골반 높이만큼 옆으로 들어 올린다.
  마시며 시작 자세로 돌아온다.

- **unit 2.**

  마시며 아래 다리를 바닥에서 들어 올려
  양다리를 서로 붙인다.
  내쉬며 아래 다리를 바닥으로 천천히 내린다.

- **unit 3.**

  내쉬며 두 다리를 모아 들어 올린다.
  마시며 두 다리를 천천히 바닥으로 내린다.

4. 하체 모듈 IV(clam)

● **효과**
엉덩이 내·외측 근육 강화, 골반 안정성 향상, 코어
강화

● **반복**
8~12회

● **포인트**
다리를 들어 올릴 때 골반이 앞뒤로 들리지 않도록
한다.
아래쪽 옆구리를 바닥에서 들어 올려 상체가 흔들리
지 않도록 한다.

● **준비 자세**
옆으로 누운 자세에서 아래 다리의 무릎을 접어 두
다리를 포개 놓는다.
한 손은 머리를 받치고, 반대쪽 손은 몸통 앞으로 매
트를 짚는다.

● unit 1.

내쉬며 위쪽 다리를 골반 높이만큼 옆으로 들어 올린다.
마시며 위쪽 다리를 바닥으로 천천히 내린다.

● unit 2.

위쪽 팔을 골반에 올려둔다.
내쉬며 발뒤꿈치를 모아 무릎을 밖으로 회전하듯이 벌린다.
마시며 양 무릎을 천천히 모은다.

● unit 3.

내쉬며 발뒤꿈치를 골반 높이까지 들어 올리고 무릎 벌린다.
마시며 두 무릎을 중앙에서 천천히 모은다.

아프지 않게 움직이는 법, 오늘부터 필라테스

5. 상체 모듈 Ⅰ (arm opening)

- **효과**
  척추 회전 및 척추 분절 증가, 상지 가동성 향상
- **반복**
  6~8회
- **포인트**
  상체가 움직일 때 골반이 바닥과 수직을 유지한다.
  손과 시선은 일직선을 유지한다.
  가슴이 앞으로 돌출되지 않는다.

- **준비 자세**
  옆으로 누운 자세에서 아래 다리의 펴서 바닥에 고정
  하고, 위쪽 다리는 무릎을 세워 구부린다.
  아래 손은 머리를 받치고, 위 손은 골반 위에 손을 올
  린다.

- **unit 1.**

  내쉬며 위쪽 다리를 앞으로 민다.

- **unit 2.**

  내쉬며 다리와 골반의 안정성을 유지한 채
  위팔을 천장으로 뻗는다.

- **unit 3.**

  내쉬며 위쪽 다리를 앞으로 밀어내며
  팔은 몸 뒤로 회전하며 뻗어
  몸통도 따라서 회전한다.
  마시며 머리와 척추를 시작 자세로 돌아온다.
  반대 방향도 같은 방법으로 실시한다.

 **4** # 앉은 자세 - 바른 자세와 호흡 훈련

1. 체간 모듈 Ⅰ (mermaid)

- **효과**
  척추 측면굴곡, 어깨의 안정화, 척추 회전
- **반복**
  6~8회
- **포인트**
  엉덩이가 떨어지지 않도록 한다.
  어깨가 올라가지 않는다.
  몸통이 회전하지 않는다.

- **준비 자세**
  엉덩이뼈를 바닥에 대고 골반이 바닥과 수직이 되도록 책상 다리를 하고 앉는다.
  골반부터 척추를 쭉 펴서 자연스러운 S자 곡선이 되도록 한다.
  양팔은 옆으로 뻗어 손가락으로 가볍게 바닥을 짚는다.

- **unit 1.**

마시고 척추를 위로 신장시키며 오른손을 귀 옆으로 뻗는다.

- **unit 2.**

앉아서 머리, 목, 척추, 골반을 중립으로 한다.

양다리를 굽혀 왼쪽을 향하게 한다.

오른발 발바닥을 왼쪽 넓적다리에 댄다.

내쉬며 오른팔을 들어 왼쪽으로 넘기면 척추가 왼쪽으로 굽어진다.

마시고 똑바로 앉은 자세로 돌아간다.

내쉬며 왼팔을 옆으로 들어 머리 위로 올리고

오른쪽으로 넘기면 척추도 오른쪽으로 굽어진다.

양 무릎을 오른쪽 방향으로 바꾸어 같은 방법으로 실시한다.

아프지 않게 움직이는 법, 오늘부터 필라테스

내쉬며 오른팔을 왼쪽으로 넘기면 척추를 왼쪽으로 굽는다.

마시며 오른팔을 몸 앞으로 뻗어 척추를 앞으로 굽힌다.

내쉬며 가슴을 천장 쪽으로 돌린다.

마시며 똑바로 앉은 자세로 돌아온다.

2. 체간 모듈 II (spine twist)

- **효과**
  척추 회전력 향상, 복부 강화
- **반복**
  6~8회
- **포인트**
  동작 내내 엉덩이를 바닥에 대고 있어야 한다.
  척추 회전시킬 때 반대쪽 엉덩이가 뜨지 않게 한다.
  회전은 몸의 중심부터 돌린다.
  허리 양쪽의 길이가 일정하게 유지해서 몸이 한쪽으로 기울어지지 않는다.

- **unit 1.**

  내쉬며 몸통을 왼쪽 방향으로 회전한다.
  마시며 몸통을 정면으로 회전한다.
  반대쪽도 같은 방법으로 실시한다.

- **unit 2.**

  내쉬며 왼팔을 귀 옆으로 뻗고 오른팔을 비스듬히
  왼쪽 다리 방향으로 앞으로 뻗는다.
  마시며 몸통을 정면으로 회전한다.
  반대 방향도 같은 방법으로 실시한다.

- **unit 3.**

  내쉬며 날개뼈가 들리지 않고 척추 움직임에 따라
  자연스럽게. 양손을 앞으로 뻗는다.
  머리와 목부터 시작해 위 등, 아래 등, 허리까지
  척주를 순차적으로 앞으로 숙인다.
  마시며 척추 아랫부분부터 세우고 윗부분까지
  순차적으로 시작 자세로 돌아온다.

머리와 척추는 회전 각도는 동일하다.
척주와 목을 길게 늘린다.

- **준비 자세**
  엉덩이뼈를 바닥에 대고 골반이 바닥과 수직이 되도록 다리를 길게 뻗어 앉는다.
  두 팔을 가슴 앞에 모아 골반부터 척추를 쭉 편다.
  양다리를 골반 너비보다 약간 넓게 벌려 발목을 몸통으로 굽힌다.

아프지 않게 움직이는 법, 오늘부터 필라테스

3. 체간 모듈 III(forward stretch)

- **효과**
  허벅지 뒷 근육과 척추 폄근 스트레칭, 척추 가동성
- **반복**
  6~8회
- **포인트**
  목 주변에 힘을 주지 않도록 한다.
  팔을 들 때 갈비뼈가 벌어지지 않도록 한다.
  목은 척추와 일직선을 유지하여 앞으로 떨어지거나
  뒤로 젖히지 않는다.
  어깨의 과한 힘이 들어가지 않는다.

- **준비 자세**
  엉덩이뼈를 바닥에 대고 골반이 바닥과 수직이 되도
  록 다리를 길게 뻗어 앉는다.
  골반부터 척추를 쭉 펴 자연스러운 S자 곡선을 만들
  고 두 손을 가슴 앞에서 뻗는다.

- **unit 1.**

  내쉬며 배꼽은 등 뒤로 밀어 넣으며 척추를 앞쪽으로 신장시킨다.
  마시며 시작 자세로 돌아온다.

- **unit 2.**

  내쉬며 두 팔을 머리 위로 올린다.
  마시며 두 팔을 가슴 앞으로 내린다.

- **unit 3.**

  마시며 두 팔을 가슴 앞으로 내리며 시작 자세로 돌아온다.

4. 체간 모듈 IV(roll back)

- **효과**
  목과 허리 주변 근육 이완, 균형성 향상, 몸통 안정성
  증가
- **반복**
  6~8회
- **포인트**
  어깨가 올라가지 않도록 한다. 꼬리뼈와 허리뼈 사이
  에 무게 중심을 두고 균형을 찾는다.

- **준비 자세**
  엉덩이뼈를 바닥에 대고 골반이 바닥과 수직이 되도
  록 다리를 길게 뻗어 앉는다.
  골반부터 척추를 쭉 펴 자연스러운 S자 곡선을 만든다.

- **unit 1.**

엉덩이뼈를 바닥에 대고 골반이 바닥과 수직이 되도록

다리를 길게 뻗는다.

두 손을 앞으로 길게 뻗으며 척추를 더 신장시킨다.

- **unit 2.**

두 무릎은 접어 발바닥을 바닥에 고정한다.

두 손을 가슴 앞에 모아 앉는다.

내쉬며 척추를 공처럼 둥글게 하여 척추 C커브로 균형을 잡는다.

마시고 시작 자세로 돌아온다.

- **unit 3.**

척추 C커브를 유지하면서 몸통을 왼쪽으로 회전한다.

마시며 가슴을 정면으로 회전한다.

반대 방향도 같은 방법으로 실시한다.

아프지 않게 움직이는 법, 오늘부터 필라테스

5. 체간 모듈 Ⅴ(roll back twist)

● **효과**
  척추 굴곡 유연성 향상, 복부 강화, 엉덩이 굴곡근 강화

● **반복**
  8~12회

● **포인트**
  어깨가 아닌 복부 수축으로 동작한다.
  골반이 한쪽으로 기울어지지 않는다.
  어깨가 올라가지 않는다.
  꼬리뼈와 허리뼈 사이에 무게 중심을 두고 균형을 찾는다.

● **준비 자세**
  두 무릎은 접어 발바닥을 바닥에 고정한다.
  두 손을 가슴 앞에 모아 척추 중립 자세로 앉는다.
  내쉬며 척추를 공처럼 둥글게 하여 척추 C커브로 균형을 잡는다.
  마시고 시작 자세로 돌아온다.

● **unit 1.**
  내쉬며 척추를 뒤 사선으로 신장시킨다.
  마시며 시작 자세로 돌아온다.

● **unit 2.**
  내쉬며 오른쪽 다리를 탁상 자세로 들어 올린다.
  마시며 다리를 바닥으로 천천히 내린다.

● **unit 3.**
  내쉬며 오른쪽 다리를 고정하고 가슴을 오른쪽으로 회전한다.
  마시며 시작 자세로 돌아온다.
  반대 방향도 같은 방법으로 실시한다.

5 네발 기기 자세 - 몸의 균형을 되찾는 기본기

1. 체간 모듈 Ⅰ (cat stretch)

- **효과**
  척추 유연성 향상, 코어 강화, 어깨 안정성 향상, 척추 중립 인지
- **반복**
  6~8회
- **포인트**
  체중을 너무 손목에 두지 않는다. 가슴이 바닥으로 떨어지지 않는다. 팔꿈치를 과하게 펴지 않는다. 어깨에서 손목까지, 골반에서 무릎까지 일직선을 유지한다.

- **준비 자세**
  손과 무릎을 바닥에 대고 네발 기기 자세를 만든다. 어깨 바로 밑에 손을 두고 엉덩이 관절 바로 밑에 무릎이 오도록 한다.

- **unit 1.**
  내쉬며 복부 힘으로 턱 끝을 가슴으로 당겨 등을 둥글게 천장으로 밀어 올린다.

- **unit 2.**
  마시며 시선 정면을 보면서 어깨부터 등, 허리 순으로 척추를 순차적으로 편다.

- **unit 3.**
  내쉬며 손으로 바닥을 밀어 등은 넓게 펴고 골반이 바닥과 평행하게 둔다.
  네발 기기 자세에서 척추의 자연스러운 S곡선을 만들어 중립을 인지한다.

아프지 않게 움직이는 법, 오늘부터 필라테스

2. 하체 모듈 Ⅰ (hip circle)

● **효과**

가슴·어깨·전신 안정성 증가. 허벅지 후면 근육 및
엉덩이 회전 근육 강화

● **반복**

8~12회

● **포인트**

골반이 떨어지거나 엉덩이가 올라가지 않는다.
머리와 꼬리뼈까지 일직선을 유지한다.
엉덩이가 뒤로 밀리지 않는다.
어깨 아래에서 팔꿈치까지 일직선을 유지한다.

● **준비 자세**

팔꿈치와 무릎을 바닥에 대고 네발 기기 자세를 만든다.
어깨 바로 밑에 팔꿈치를 두고 엉덩이 관절 바로 밑
에 무릎이 오도록 하여 척추 중립 자세를 취한다.

● **unit 1.**

내쉬며 무릎으로 밖에서 안으로 마시며 안에서 밖으로 손바닥
만 한 크기의 원을 그린다.
반대 방향도 같은 방법으로 실시한다.

● **unit 2.**

unit 1.과 같은 방법으로 골반이나 허리를 고정하고 무릎으
로 최대한 큰 원을 그린다.
반대 방향도 같은 방법으로 실시한다.

● **unit 3.**

내쉬며 무릎을 밖으로 회전하면서 들어 올린다.
마시며 무릎을 바닥으로 천천히 내린다.
반대 방향도 같은 방법으로 실시한다.

3. 하체 모듈 II (hip extension)

● **효과**

가슴·어깨·전신 안정성 증가. 허벅지 후면 근육 및 엉덩이 강화

● **반복**

8~12회

● **포인트**

골반이 떨어지거나 엉덩이가 올라가지 않는다.

머리와 꼬리뼈까지 일직선을 유지한다.

어깨가 뒤로 밀리지 않는다.

어깨 아래에서 팔꿈치까지 일직선을 유지한다.

● **준비 자세**

팔꿈치와 무릎을 바닥에 대고 네발 기기 자세를 만든다. 어깨 바로 밑에 팔꿈치를 두고 엉덩이 관절 바로 밑에 무릎이 오도록 하여 척추 중립 자세를 취한다.

● **unit 1.**

내쉬며 팔꿈치로 바닥을 밀고 한쪽 다리를

바닥에서 미끄러지듯 뒤로 밀어낸다.

마시며 시작 자세로 돌아온다.

반대 방향도 같은 방법으로 실시한다.

● **unit 2.**

내쉬며 한쪽 다리를 천장으로 들어 올린다.

마시며 다리를 바닥으로 천천히 내린다.

반대 방향도 같은 방법으로 실시한다.

● **unit 3.**

내쉬며 한쪽 무릎을 구부린 채 들어 올린다.

마시며 시작 자세로 돌아온다.

반대 방향도 같은 방법으로 실시한다.

아프지 않게 움직이는 법, 오늘부터 필라테스

4. 협응성 모듈 Ⅰ (bird dog)

● 효과
등 신전근 강화, 고관절 조절 능력 향상 및 강화, 몸통 안정성 향상, 코어 강화

● 반복
8~12회

● 포인트
다리를 들기 위해 허리를 과도하게 꺾지 않는다.

날개뼈가 튀어나오지 않도록 한다.

매트를 디딘 다리를 안정시킨다.

시선은 바로 앞 매트를 향해 목을 길게 늘린다.

팔꿈치를 과하게 꺾지 않는다.

● 준비 자세
손과 무릎을 바닥에 대고 몸무게를 고르게 분산시켜 네발 기기 자세를 만든다.

어깨 바로 밑에 손을 두고 고관절 바로 밑에 무릎이 오도록 한다.

● unit 1.
내쉬며 한쪽 다리를 바닥에 미끄러지듯이 뻗는다.

반대 방향도 같은 방법으로 실시한다.

● unit 2.
내쉬며 한 쪽 다리를 길게 들어 올린다.

가슴 높이를 유지하고 매트를 짚는다.

반대 방향도 같은 방법으로 실시한다.

● unit 3.
오른팔과 왼 다리를 동시에 뻗는다.

반대 방향도 같은 방법으로 실시한다.

매트를 짚는 오른팔과 왼 다리의 안정성을 유지한다.

5. 협응성 모듈 II (bird dog)

- **효과**
  가슴·어깨·전신 안정성 증가, 허벅지 후면 근육 및
  엉덩이 회전 강화

- **반복**
  4~6회

- **포인트**
  가슴과 골반이 바닥과 평행을 유지한다.
  어깨와 목의 간격을 넓게 유지한다.
  가슴이 바닥으로 떨어지지 않는다.
  몸통은 한쪽으로 기울거나 비틀어지지 않도록 한다.

- **준비 자세**
  손과 무릎을 바닥에 대고 네발 기기 자세를 만든다.
  어깨 바로 밑에 손을 두고 엉덩이 관절 바로 밑에 무
  릎이 오도록 한다.

- **unit 1.**

  내쉬며 오른 다리를 오른 어깨 쪽을 향하여 들어 올린다.
  마시며 다리를 천천히 내린다.
  반대 방향도 같은 방법으로 실시한다.

- **unit 2.**

  내쉬며 배꼽을 등으로 밀어내는 힘으로 왼팔을 밖으로 뻗는다.
  마시며 시작 자세로 천천히 돌아온다.
  반대 방향도 같은 방법으로 실시한다.

- **unit 3.**

  내쉬며 복부의 힘으로 오른 다리와 왼팔을
  동시에 바닥에서 들어 올린다.
  마시며 먼저 손을 바닥을 짚고, 다리를 천천히 내린다.
  반대 방향도 같은 방법으로 실시한다.

필라테스는 맨몸으로도 충분히 몸을 바꾸는 운동입니다.

하지만 몸의 정렬을 더 섬세하게 느끼고, 코어를 보다 정확히 깨우기 위해서는

'도구'가 아주 좋은 조력자가 되어줍니다.

소도구는 단순히 동작을 어렵게 만드는 장치가 아닙니다.

필요한 곳에는 저항(resistance) 으로 작용해 근육의 힘을 길러주고,

힘이 빠지기 쉬운 구간에서는 보조(support) 로 작용해

몸이 안정된 상태에서 올바른 정렬을 찾도록 도와줍니다.

즉, 소도구는 "힘과 안정의 균형"을 만들어주는 도구입니다.

맨몸으로 할 때보다 근육의 활성도가 높아지고,

특히 코어와 주변 근육이 더 깊게 작동하게 됩니다.

또한 도구의 저항이나 지지를 활용하면

동작을 더 천천히, 더 정확하게 수행할 수 있어

불필요한 긴장을 줄이고 부상을 예방하는 데에도 효과적입니다.

예를 들어 서클링(Circle Ring) 은 팔과 다리를 조이면서

몸의 중심 근육을 동시에 활성화시키는 데 탁월합니다.

폼롤러(Foam Roller) 는 몸을 받쳐주며 척추 정렬과 근막 이완을 돕고,

밴드(Band) 는 가볍지만 강한 저항으로 근육의 섬세한 조절력을 길러줍니다.

소도구 필라테스는 맨몸으로 하던 움직임을 '확장'시키는 과정입니다.

조금 더 강한 자극, 조금 더 정교한 정렬, 조금 더 깊은 코어의 힘을 느끼고 싶다면

매트 위에 작은 도구 하나를 더해보세요.

그 한 가지 변화가 당신의 몸을 이전보다 훨씬 안정적이고 강하게 만들어 줄 것입니다.

SECTION 3

소도구와
함께하는 필라테스

REHABILITATION
& PILATES

1장

써클링(Circle Ring)
– 조이며 버티며 코어를 깨우는 도구

---

1 **누운 자세 운동**

---

1. 복부 모듈

● **효과**
복부 강화 및 허리 안정화, 고관절 굴곡근 강화

● **레슨 포인트**
골반의 중립 상태를 유지한다.
동작의 순서는 머리를 먼저 숙이고 다음에 복부를 이용한다.
목 굽힘근이 과도하게 사용할 때는 머리를 내린다.
디스크 환자나 골다공증 환자는 어깨만 드는 느낌으로 한다.

● **시작 자세**

바로 누운 자세에서 골반 넓이로 발을 벌리고 무릎을 굽혀 준다.

써클링의 핸들을 머리 뒤에 두고 두 손을 모아 써클링의 반대편 핸들에 둔다.

• unit 1. AB preparation(복부 운동 준비)

내쉬며 척추 임프린트를 만든다.

마시고 시작 자세로 돌아온다.

• unit 2. curl up(컬 업)

내쉬며 목을 길게 늘인 채 머리를 들어 올린다.

어깨뼈 상단이 매트에서 약간 떨어지게 한다.

마시며 시작 자세로 돌아온다.

• unit 3. table top(테이블 탑 자세)

내쉬며 목을 길게 늘인 채 머리를 들어 올린다.

마시고 두 다리를 가슴으로 접어 올린다.

내쉬며 한 다리씩 천천히 바닥으로 내린다.

● **효과**

흉곽 정렬, 고관절 가동성 증진, 복부 근육 강화, 고관
절 분리된 움직임 인지

● **레슨 포인트**

고관절에 힘이 들어가지 않고 복부 힘으로 동작한다.
귀와 어깨 간격을 멀어지게 한다.
다리를 뻗을 때 체간이 좌우 한 방향으로 기울어지지
않는다.

● **시작 자세**

바로 누워 테이블 탑 자세로 두 손과 왼쪽 다리 사이
에 써클링을 끼워 누른다. 척추는 임프린트 자세를
유지한다.

● **unit 1. single leg stretch(싱글 레그 스트레치)**

내쉬며 한쪽 다리를 45도 정도 길게 뻗어 준다.
마시며 시작 자세로 돌아온다.

● **unit 2. hip abduction(힙 어브덕션)**

내쉬며 발꿈치를 쪼이며 무릎을 45도 바깥쪽으로 벌
린다. 마시며 시작 자세로 돌아온다.

● **unit 3. single leg slide(싱글 레그 슬라이드)**

내쉬며 발꿈치가 바닥을 미끄러지듯 다리를 뻗는다.
마시며 시작 자세로 돌아온다.

3. 하체 모듈 II

효과
고관절 굴곡근과 둔부근 스트레칭, 고관절 가동성(굴곡과 신전), 복근 강화

레슨 포인트
고관절에 힘이 들어가지 않고 복부 힘으로 동작한다.
귀와 어깨 간격을 멀어지게 한다.
다리를 뻗을 때 체간이 좌우 한 방향으로 기울어지지 않는다.

시작 자세
바로 누운 자세에서 써클링의 핸들을 머리 뒤에 두고 두 손은 써클링의 반대편 핸들에 둔다.
두 다리는 테이블 자세를 한다.

unit 1. single leg stretch(싱글 레그 스트레치)
내쉬며 한쪽 다리를 45도 정도 길게 뻗는다.
마시며 시작 자세로 돌아온다.

unit 2. double leg stretch(더블 레그 스트레치)
내쉬며 두 다리를 45도 정도 길게 뻗는다.

unit 3. table top(테이블 탑자세)
마시면서 두 무릎을 가슴으로 당긴다.

● **효과**

복부 강화, 골반 안정성 향상,
고관절 가동성 향상

● **레슨 포인트**

어깨가 올라가지 않도록 한다.
호흡으로 자연스럽게 연결한다.
목을 과도하게 굽히지 않는다.
허리가 바닥에서 뜨지 않을 만큼 다리를 움직인다.

● **시작 자세**

바로 누운 자세에서 써클링의 핸들을 귀 위치의
머리 뒤에 두고 두 손을 써클링의 반대편 핸들에 둔다.
두 다리는 천장으로 뻗는다.

● **unit 1. hip abduction & hip adduction**

(힙 어브덕션 & 힙 어덕션)

내쉬며 두 다리의 무릎이 밖으로 향하도록 벌린다.
마시며 무릎이 정면을 향하도록 두 다리를 모은다.

● **unit 2. double straight leg stretch**

(더블 스트레이트 레그 스트레치)

내쉬며 두 다리를 45도 정도 길게 뻗는다.
마시며 시작 자세로 돌아온다.

● **unit 3. double straight leg lower**

(더블 스트레이트 레그 로우)

내쉬며 두 다리를 1cm 정도 아래로 내린다.
마시며 시작 자세로 돌아온다.

5. 하체 모듈 Ⅳ

● **효과**

햄스트링 스트레칭, 골반과 고관절 사이의 연결 인식, 골반대와 몸통 안정성 강화

● **레슨 포인트**

다리 움직임 시 반대편 골반이 바닥에 뜨지 않는다. 팔의 힘보다는 복부의 힘으로 다리를 움직인다고 생각한다.

● **시작 자세**

바로 누운 자세에서 한 발에 써클링을 덴다. 반대편 다리는 무릎을 세워 바닥에 고정한다.

● **unit 1. hamstring stretch(햄스트링 스트레치)**

내쉬며 발목의 주름이 생기도록 몸쪽으로 당기고
다리를 가슴으로 당긴다.
무릎을 최대한 펴기 위해 발바닥으로 써클링을
미는 힘을 유지한다.
마시고 시작 자세로 돌아온다.

● **unit 2. abductor stretch(외전근 스트레치)**

오른발에 써클링을 두고 왼손으로 써클링을 잡는다.
내쉬며 다리를 몸 중앙으로 내회전하며 끌어당긴다.
오른쪽 엉덩이가 바닥에서 들리지 않도록 주의한다.
마시며 시작 자세로 돌아온다.

● **unit 3. adductor stretch(내전근 스트레치)**

오른발에 써클링을 두고 오른손으로 써클링을 잡는다.
내쉬며 다리를 몸 중앙에서 멀리 외회전하며 밀어낸다.
왼쪽 엉덩이가 바닥에서 들리지 않도록 주의한다.
마시며 시작 자세로 돌아온다.

● **효과**

척추의 가동성, 체중 지지의 하체 안정성, 순차적 제어와 협응 운동, 견갑대 안정성

● **레슨 포인트**

동작을 진행하는 동안 복부의 수축 상태를 계속 유지한다.

높게 엉덩이를 들어 올려서 등을 과하게 펴지 않도록 주의한다.

● **시작 자세**

누워서 무릎을 굽히고 발을 엉덩이 넓이로 벌린 후 바닥에 평평하게 붙인다.

팔꿈치를 90도로 굽혀 써클링을 가슴 앞에서 두고 양옆에서 누른다.

● **unit 1. hip roll(힙 롤)**

내쉬며 배꼽을 척추 쪽으로 당기고 골반을 뒤로 기울여 꼬리뼈를 들어 올린다.

마시며 골반을 앞으로 기울여 시작 자세로 돌아온다.

● **unit 2. shoulder bridge(숄더 브릿지)**

손으로 써클링을 안으로 누르는 힘을 유지한다.

내쉬며 꼬리뼈부터 견갑골까지 들어 올린다.

마시면서 어깨에서 무릎까지 일직선이 되도록 한다.

내쉬며 등부터 척추뼈를 한 마디씩 바닥으로 내리고 시작 자세로 돌아온다.

● **unit 3. shoulder flexion(어깨 관절 굴곡)**

마시며 써클링을 머리 위로 올리며 척추를 더 신장시킨다. 내쉬며 등부터 척추뼈를 한 마디씩 내리고 시작 자세로 돌아온다.

● **효과**

견갑대와 팔의 움직임 연결 인지, 어깨 안정화, 견갑
골 주변 근육 강화

● **레슨 포인트**

복부의 힘을 강하게 느끼고 팔과 다리는 깃털처럼 가
볍게 느껴야 한다.

귀와 어깨 간격을 멀어지게 한다.

다리를 뻗을 때 골반이 바닥에서 떨어지지 않는다.

● **시작 자세**

바로 누워 테이블 탑 자세를 취한다. 두 손과 왼쪽
다리 사이에 써클링을 끼워 누른다.

척추는 임프린트 자세를 유지한다.

● **unit 1. single leg stretch(싱글 레그 스트레치)**

내쉬며 오른 다리를 45도 방향으로 길게 뻗는다.

마시며 시작 자세로 돌아온다.

반대 방향도 같은 방법으로 실시한다.

● **unit 2. arm reaching(암 리칭)**

내쉬며 왼손을 머리 위로 뻗는다.

마시며 시작 자세로 돌아온다.

반대 방향도 같은 방법으로 실시한다.

● **unit 3. diagonal reaching(대각선으로 뻗기)**

내쉬며 왼손과 오른 다리를 동시에
대각선 방향으로 뻗는다.

마시며 팔과 다리를 동시에 구부려
시작 자세로 돌아온다.

반대 방향도 같은 방법으로 실시한다.

● **효과**

등 유연성 향상, 척추 회전 가동성 증가, 골반 안정화

● **레슨 포인트**

어깨 회전 시 두 가슴을 연다.

골반은 바닥에 고정되어 움직이지 않는다.

목의 굽힘 근육의 힘은 들어가지 않는다.

● **시작 자세**

바로 누워 테이블 탑 자세를 한다. 두 손으로 써클링을 잡고 두 손을 가슴 앞으로 뻗는다.

척추는 중립을 유지한다.

● **unit 1. table top(테이블 탑자세)**

내쉬며 써클링을 안으로 누르며 척추는

임프린트 자세를 유지한다.

● **unit 2. oblique curl(오블리크 컬)**

왼손으로 머리 뒤를 받치고 오른손으로 써클링을

왼쪽 허벅지 옆에 둔다.

내쉬며 써클링을 바닥으로 누른다.

마시며 오른 어깨를 바닥에 천천히 내려놓으며

시작 자세로 돌아온다.

반대 방향도 같은 방법으로 실시한다.

● **unit 3. criss cross(크리스 크로스)**

내쉬며 오른손을 발끝으로 밀면서 날개뼈가

바닥에서 뜨는 느낌이 난다.

동시에 오른 다리를 길게 사선으로 뻗는다.

마시며 등-어깨 순으로 바닥에 내려놓으며

다리는 테이블 탑 돌아온다.

반대 방향도 같은 방법으로 실시한다.

② 엎드린 자세 운동

1. 하체 모듈 Ⅰ

- **효과**
  대둔근, 햄스트링, 엉덩이 근육 강화, 엉덩이 내전근·외회전근 강화

- **레슨 포인트**
  복부를 끌어올려 허리를 신장시킨다.
  척추 협착증, 추간관절 문제 있거나, 골반 전방경사 및 척추 전만증이 있다면 주의해서 동작한다.

- **시작 자세**

이마를 손을 포개 손등에 올려놓는다. 써클링을 발목관절 위 5cm 위치에서 발목관절 밖에 건다.

두 다리는 골반 넓이만큼 벌린 후 다리를 바깥으로 돌린다.

- **unit 1. neutral prone(엎드린 중립자세)**

내쉬면서 배꼽을 척추 쪽으로 들어주고 치골을
바닥으로 눌러 준다.

- **unit 2. double leg extension(더블 레그 익스텐션)**

내쉬며 써클링을 바깥으로 벌리고 두 다리를
길게 뻗는다.
마시며 시작 자세로 돌아온다.

- **unit 3. hamstring curl(햄스트링 컬)**

내쉬며 발뒤꿈치를 엉덩이로 가져온다.
마시며 두 다리를 길게 뻗는다.

2. 하체 모듈 II

● 효과
다리 후면 근육 강화, 허리 신전근 강화, 견갑골 주변 근육 강화, 고관절 내전근 강화

● 레슨 포인트
배꼽을 척추 쪽으로 향하여 위로 들어 주고 골반은 아래쪽으로 내려 준다.

발이 아니라 허벅지를 들어 준다.

다리 나머지 부분은 허벅지를 따라간다고 생각하며 무릎을 굽히지 않는다.

● 시작 자세
어깨 밑에 팔꿈치를 두고 견갑대 힘으로 써클링을 안쪽으로 조인다.

머리는 너무 아래로 숙이거나 뒤로 젖혀지지 않게 머리와 어깨의 간격을 길게 유지한다.

두 다리는 골반 넓이만큼 벌린 후 다리를 바깥으로 돌린다.

● unit 1. single leg extension(싱글 레그 익스텐션)
내쉬며 허벅지를 바닥에서 띄운다는 느낌으로 한 다리를 1cm 든다.

마시며 시작 자세로 돌아온다.

반대 방향도 같은 방법으로 실시한다.

● unit 2. double leg extension(더블 레그 익스텐션)
내쉬며 넙다리뼈를 바닥에서 띄운다는 느낌으로 두 다리를 동시에 1cm 든다.

마시며 두 다리를 바닥으로 천천히 내린다.

● unit 3. beat(비트)
내쉬며 허리가 꺾이지 않는 범위 내에서 발꿈치를 몸의 중앙으로 모은다.

마시며 양다리를 골반 너비로 벌린다.

아프지 않게 움직이는 법, 오늘부터 필라테스

● **효과**

척추 신전, 견갑대 안정성 및 유연성 증가, 둔부 근육
강화

● **레슨 포인트**

허리의 압박이 가해지지 않도록 배꼽을 바닥에서 들
어 올린다.

머리를 지나치게 숙이거나 뒤로 뻗지 않도록 한다.

허리의 압박이 느껴지면 손을 귀보다 더 앞쪽으로 옮
기거나 가슴까지만 들어 올린다.

● **시작 자세**

팔을 굽히고 팔꿈치를 몸 옆으로, 손바닥은 귀 옆
바닥에 붙이고 엎드린다. 다리는 골반 넓이로 벌리
고 외회전한다. 써클링 안으로 두 다리의 발목관절
5cm 위에 고정한다.

● **unit 1. mini swan(미니 스완)**

내쉬며 손바닥으로 바닥을 밀면서 쇄골까지 들어 올
린다. 마시며 시작 자세로 돌아온다.

● **unit 2. swan(스완)**

내쉬며 어깨는 펴고 손바닥을 더 강하게 바닥을 누
르며 배꼽까지 들어 올린다. 마시며 시작 자세로 돌
아온다.

● **unit 3. swan dive(스완 다이브)**

마시며 팔을 접어 팔꿈치가 바닥에 닿아도 다리는
더 길게 뒤로 뻗는다. 다리를 최대한 위로 들어 준
다. 내쉬며 팔을 완전히 펴도 다리를 최대한 위로 들
어 준다. 마시며 다리를 내리고 팔을 구부려 처음 자
세로 돌아온다.

● 효과
전신, 가슴, 어깨 주변 근육 강화, 햄스트링 및 엉덩이 강화, 골반 안정화, 발목 가동성 향상

● 레슨 포인트
플랭크 자세에서 골반이 떨어지거나 엉덩이가 올라가지 않는다.
어깨 아래에서 팔꿈치까지 일직선을 유지한다.
어깨와 귀를 멀리 유지하며 견갑골을 엉덩이 방향으로 내린다.

● 시작 자세
골반이 시작하는 부위, 배꼽 아래에 써클링을 댄다.
어깨 아래 팔꿈치를 접어 위치하고 어깨를 밀어 둥근 등을 만든다.

● unit 1. half plank of knee(하프플랭크)
내쉬며 어깨 아래 팔꿈치까지 일직선을 유지하고 팔꿈치를 바닥으로 민다.
정강이와 발등으로 바닥을 누른다.

● unit 2. plank(플랭크)
내쉬며 발목의 발등굽힘으로 무릎을 바닥에서 들어 올려 머리부터 발끝까지 일직선을 유지한다.
마시며 무릎을 구부려 바닥에 내려놓는다.

● unit 3. leg pull front(레크 풀 프런트)
내쉬며 한 다리를 뒤로 뻗어 올린다.
다리를 엉덩이 높이로 들어 올리며 발목을 발바닥 굽힘한다.
마시며 다리를 바닥으로 천천히 내린다.
반대 다리도 같은 방법으로 실시한다.

 **3** **옆으로 누운 자세(폼롤러나 미니볼로 대체 가능)**

1. 하체 모듈 Ⅰ

- **효과**
  중둔근, 소둔근 등 고관절 외전, 외회전근 강화

- **레슨 포인트**
  어깨와 엉덩이가 흔들리지 않도록 유지한다.

- **시작 자세**

옆으로 누운 자세에서 아래쪽 팔은 접어 귀 아래에 두고, 위쪽 손은 가슴 앞쪽 써클링 위에 둔다.

엉덩이와 어깨는 바닥과 수직을 유지한다. 균형을 유지하기 위해 아래쪽 다리를 구부린다.

아래쪽 허리를 바닥 위로 들어 올려 양 옆구리 길이를 똑같이 유지한다.

- **unit 1. side kick front(사이드 킥 프런트)**

내쉬며 위쪽 다리를 엉덩이 높이 정도로 든다.

발목은 편 상태로 최대한 앞으로 미끄러지듯 인다.

- **unit 2. side kick back(사이드 킥 백)**

마시며 위쪽 다리를 골반 뒤로 부드럽게 움직인다.

발목은 발등 굽힘하여 발꿈치를 내민다.

내쉬며 시작 자세로 돌아온다.

- **unit 3. single leg small circle(싱글 레그 써클)**

내쉬며 엄지발가락을 안에서 밖으로 동전 크기의 작은 원을 그린다. 마시며 밖에서 안으로 돌린다.

반대 방향도 같은 방법으로 실시한다.

2. 하체 모듈 II

효과
엉덩이 회전근 강화, 고관절의 분리된 움직임 향상, 골반 안정성 향상

레슨 포인트
상체가 흔들리지 않도록 한다.

시작 자세
옆으로 누운 자세에서 아래쪽 팔은 접어 귀 아래에 두고, 위쪽 손은 가슴 앞쪽 써클링 위에 두어 자세를 유지한다. 엉덩이와 어깨는 바닥과 수직으로 유지하고, 다리는 평행이 되도록 한다. 아래쪽 허리를 바닥 위로 들어 올려 양 옆구리 길이를 똑같이 유지한다.

unit 1. side knee lift(사이드 니 리프트)
내쉬며 위쪽 다리의 발바닥을 허벅지 안쪽까지 끌어당긴다.
마시며 시작 자세로 돌아간다.

unit 2. develop(데벨로뻬)
내쉬며 위쪽 다리를 펴서 천장으로 뻗는다.

unit 3. single leg lower(싱글 레그 로우)
마시며 위쪽 다리 발목을 구부린 상태로 다리를 내린다. 반대 방향도 같은 방법으로 실시한다.

아프지 않게 움직이는 법, 오늘부터 필라테스

3. 하체 모듈 III

● **효과**

복사근, 요방형근 강화, 골반 안정화, 옆구리 스트레칭, 내전근·중둔근 강화

● **레슨 포인트**

어깨가 올라가지 않도록 한다.
골반이 틀어지지 않도록 한다.
써클링이 넘어지지 않도록 한다.

● **시작 자세**

아래 다리는 써클링 안으로 넣어 써클링을 바닥에 고정하고, 위쪽 다리는 써클링 밖에 올린다.

옆으로 누운 자세에서 아래쪽 팔은 접어 귀 아래에 두고, 위쪽 손은 가슴 앞쪽 바닥 위에 두어 자세를 유지한다. 엉덩이와 어깨는 바닥과 수직이 되도록 하고 두 다리는 평행하게 둔다.

아래쪽 허리를 바닥 위로 들어 올려 양 옆구리 길이를 똑같이 유지한다.

● **unit 1. top leg pulse downs(위쪽 다리 아래로 누르기)**

내쉬며 위쪽 다리로 써클링을 아래로 누른다.
마시며 시작 자세로 돌아온다.

● **unit 2. bottom leg pulse ups(아랫다리 위로 올리기)**

마시며 아래 다리를 위로 들어 올려 위쪽 다리에
닿게 한다.
내쉬며 시작 자세로 돌아온다.

● **unit 3. leg side lift(레그 사이드 리프트)**

내쉬며 양다리를 길게 늘려 엉덩관절 높이로
들어 올린다.
마시며 양다리를 매트로 천천히 내린다.
반대 방향도 같은 방법으로 실시한다.

● **효과**

고관절 외전·외회전 근육 강화

● **레슨 포인트**

어깨와 엉덩이가 흔들리지 않도록 유지한다.

위쪽 골반을 머리 쪽으로 들지 않는다.

써클링을 잡은 손을 아래로 눌러 골반의 안정감을 느

낀다. 넙다리 엉덩이 소켓으로 가져가 엉덩이 굽힘근

을 유연하게 유지하고 회전근이 동작을 수행할 수 있

도록 해 준다.

● **시작 자세**

옆으로 누운 자세에서 아래쪽 팔은 접어 귀 아래에 두고, 위쪽 손은 바닥을 짚어 자세를 유지한다.

엉덩이와 어깨는 바닥과 수직이 되도록 하고 균형을 유지하기 위해 아래쪽 다리를 구부린다.

아래쪽 허리를 바닥 위로 들어 올려 양 옆구리 길이를 똑같이 유지한다.

써클링 안으로 두 다리를 넣어 무릎 관절 위 5cm에 써클링 고정한다.

● **unit 1. top leg side lift(위쪽 다리 옆으로 들기)**

내쉬면서 위쪽 다리를 들어 올린다.

마시며 시작 자세로 돌아온다.

● **unit 2. clam(클램)**

엉덩관절을 45도로 구부린다.

발뒤꿈치를 모아 내쉬며 무릎을 밖으로 벌린다.

마시며 두 무릎을 모은다.

● **unit 3. high clam(하이 클램)**

맞닿은 뒤꿈치를 골반 높이로 들어 올린다.

내쉬며 위쪽 무릎을 바깥으로 들어 올린다.

마시며 뒤꿈치를 높이를 유지하고 무릎을 모은다.

반대 방향도 같은 방법으로 실시한다.

5. 상체 모듈 Ⅰ

● **효과**
어깨의 유연성, 체간의 회전 가동성 증가. 골반의 안
정성 강화

● **레슨 포인트**
어깨와 엉덩이가 흔들리지 않도록 유지한다.

● **시작 자세**

누운 자세에서 아래쪽 팔은 접어 귀 아래에 두고, 위쪽 손은 가슴 앞쪽 써클링 위에 둔다.

아래 다리는 몸과 일직선이 되도록 유지하고, 위쪽 다리는 무릎을 구부려 바닥에 발을 둔다.

아래쪽 허리를 바닥 위로 들어 올려 양 옆구리 길이를 똑같이 유지한다.

● **unit 1. arm forward reaching(팔 앞으로 뻗기)**

내쉬며 써클링을 바닥으로 누르면서 앞으로 굴린다.

마시며 시작 자세로 돌아온다.

● **unit 2. spine rotation(척추 회전)**

머리를 바닥에 붙이고 아래쪽 팔로 써클링을 바닥에
고정한다.

내쉬며 위팔을 천장으로 뻗는다.

마시며 시작 자세로 돌아온다.

● **unit 3. arm opening(팔 벌리기)**

내쉬며 다리는 앞으로 굴리는 힘과 어깨는 뒤로 젖
히는 힘을 유지한다. 팔은 몸 뒤로 회전하며 뻗어 몸
통도 따라서 회전한다. 마시며 시작 자세로 돌아온
다. 반대 방향도 같은 방법으로 실시한다.

6. 상체 모듈 II

- **효과**
  견갑대 골반대, 팔 움직임 사이의 연결 인지, 어깨와
  골반 안정화, 상체 강화

- **레슨 포인트**
  어깨 아래 팔꿈치까지 일직선을 유지한다.
  상체가 앞으로 쏠리지 않도록 골반의 중립을 유지한
  다. 뒤꿈치와 엉덩이의 정렬을 맞춘다.

- **시작 자세**

무릎을 굽히고 양다리를 서로 붙여 왼쪽 엉덩이로
비스듬히 앉는다. 왼쪽 어깨가 팔꿈치 위에 오도록
한다. 써클링을 몸 앞에 두고 오른팔을 써클링 위에
올려 두고 바닥을 누른다.

- **unit 1. half side plank(하프 사이드 플랭크)**

아래쪽 무릎과 팔꿈치로 바닥을 밀고, 손바닥으로 써클
링을 누른다. 내쉬며 엉덩이를 바닥에서 1㎝ 띄운다.
머리부터 무릎까지 사선 일직선 유지한다. 마시며 엉
덩이부터 바닥에 천천히 내려 시작 자세로 돌아온다.

- **unit 2. clam(클램)**

내쉬며 허벅지를 바깥으로 들어 올려 조개가 입을
벌리듯 다이아몬드 모양을 만든다. 마시며 두 다리
를 모으고 엉덩이를 바닥으로 천천히 내린다.

- **unit 3. hip abduction(고관절 외전)**

내쉬며 위쪽 다리 무릎을 바깥쪽으로 미는 느낌으로
들어 올린다. 마시며 두 다리를 모은다.
내쉬며 엉덩이를 바닥으로 천천히 내린다.

아프지 않게 움직이는 법, 오늘부터 필라테스

4 앉은 자세

1. 체간 모듈 Ⅰ

● **효과**
등 신전근, 몸통 회전근 안정화

● **레슨 포인트**
상체를 옆으로 굽힘할 때 척추 양 측면을 길게 편다.
척추를 옆으로 굽힘할 때 뒤로 활처럼 휘지 않도록
한다.

● **시작 자세**
왼손으로 써클링을 바닥에 대고 누르고 오른손은 편하게 바닥에 둔다.
양다리를 굽혀 왼쪽을 향하게 한다.
오른발 발바닥을 왼쪽 넓적다리에 댄다.
뒤쪽 무릎에 가해지는 압박감을 줄이기 위해 몸무게는 엉덩이 앞쪽으로 유지한다.

● **unit 1. mermiad(머메이드, 인어다리 자세)**
마시면서 오른 손을 머리 위로 뻗어 척추를
신장시킨다.

● **unit 2. side bend(사이드 벤드)**
내쉬며 오른팔을 들어 왼쪽으로 넘기면 척추가 왼쪽
으로 굽어진다.
마시고 똑바로 앉은 자세로 돌아간다.
내쉬며 왼팔을 옆으로 들어 머리 위로 올리고 오른
쪽으로 넘기면 척추도 오른쪽으로 굽어진다.

양 무릎을 오른쪽 방향으로 바꾸어 같은 방법으로 실시한다.

● unit 3. thoracic rotation(흉추 회전)

내쉬며 오른팔을 왼쪽으로 넘기면 척주를 왼쪽으로 굽힌다. 마시며 오른팔을 몸 앞으로 뻗어 척주를 앞으로 굽힌다.

내쉬며 가슴을 정면으로 돌린다.

마시며 똑바로 앉은 자세로 돌아온다.

반대 방향도 같은 방법으로 실시한다.

2. 체간 모듈 II

● **효과**

햄스트링과 내전근 유연성, 척추 가동성, 골반 안정성

● **레슨 포인트**

어깨 회전 시 두 가슴을 열고, 어깨 높이를 유지한다.

엉덩이를 붙인 상태로 유지한다.

복부 수축하여 골반과 다리를 분리시킨다.

몸을 회전할 때 바로 세운다.

어깨를 등 아래로 안정화시킨다.

● **시작 자세**

엉덩이뼈를 바닥에 대고 골반이 바닥과 수직이 되도록 다리를 길게 뻗어 앉는다.

양다리를 골반 너비보다 약간 넓게 벌려 발목을 몸통으로 굽힌다.

써클링은 가슴 앞에 세로로 세워 두 손을 겹쳐 잡는다.

● **unit 1. spine twist(상체 회전하기)**

내쉬며 몸통을 왼쪽 방향으로 회전한다.

마시며 몸통을 정면으로 회전한다.

반대쪽도 같은 방법으로 실시한다.

● **unit 2. saw(쏘우, 톱질자세)**

마시며 왼팔은 머리 위로 뻗어 척추를 길게 신장시키고 준비한다.

내쉬며 상체를 왼쪽으로 회전하고 오른손을 왼발을 향해 앞쪽으로 뻗는다.

마시며 왼팔은 엉덩이 옆으로 내리고 몸통은 정면으로 회전한다. 반대 방향도 같은 방법으로 회전한다.

● unit 3. spine stretch forward(척추 전방 스트레치)

내쉬며 날개뼈가 들리지 않고 양손으로 써클링을 바닥으로 누르면서 앞으로 뻗는다.

마시며 목→등→허리 순으로 척추를 C곡선으로 만든다. 마시며 허리뼈→등뼈→목뼈 순으로 척추를 세워 시작 자세로 돌아온다.

3. 체간 모듈 III

• 효과
어깨 안정화, 척추 회전근 및 신전근 강화, 척추 유연성 향상

• 레슨 포인트
어깨 회전 시 두 가슴을 열고, 어깨 높이를 유지한다.
복부 수축하여 골반과 다리를 분리시킨다.
몸을 회전할 때 바로 세우고, 엉덩이를 붙인 상태로 유지한다.
어깨를 등 아래로 안정화시킨다.
상체를 숙일 때 엉덩이가 뒤로 밀리지 않는다.

• 시작 자세
앉은 자세에서 두 다리는 모으고 무릎은 구부려 세운다.
써클링은 가슴 앞에 세로로 세워 두 손을 겹쳐 잡는다.

• unit 1. spine neutral position(척추 중립)
마시고 복부의 힘으로 척추를 위로 신장시킨다.

• unit 2. roll back(롤백)
내쉬며 척추를 공처럼 둥글게 하여 척추 C커브로 균형을 잡는다.
마시며 시작 자세로 돌아온다.

• unit 3. twist(척추 회전)
내쉬며 써클링을 가슴을 아래로 살짝 누르면서 복부 힘으로 척추를 왼쪽으로 회전한다.
두 다리의 길이가 변하지 않도록 한다.
마시며 시작 자세로 돌아온다.
반대 방향도 같은 자세로 실시한다.

● **효과**

어깨 안정화, 척추 회전근 및 신전근 강화, 어깨 및 척추 유연성 향상

● **레슨 포인트**

어깨 회전 시 두 가슴을 열고, 어깨 높이를 유지한다.
몸을 회전할 때 바로 세우고, 엉덩이를 붙인 상태로 유지한다.
어깨를 등 아래로 안정화시킨다.

● **시작 자세**

앉은 자세에서 두 다리는 어깨 너비 간격으로 무릎은 구부려 세운다.

두 손으로 써클링을 잡고 가슴 높이까지 들어 올린다.

● **unit 1. roll back(롤백)**

내쉬며 골반을 뒤로 기울여 C곡선을 만든다.

마시며 시작 자세로 돌아온다.

● **unit 2. shoulder flexion(어깨관절 굴곡)**

내쉬면서 써클링을 잡은 두 손을 머리 위로 뻗는다.

마시며 시작 자세로 돌아온다.

● **unit 3. twist(척추 회전)**

내쉬면서 상체를 왼쪽으로 회전한다.

마시며 시작 자세로 돌아온다.

반대 방향도 같은 방법으로 실시한다.

5. 체간 모듈 V

● **효과**
  어깨 안정화, 척추 회전근 및 신전근 강화, 다리 근육
  강화, 하복부 강화

● **레슨 포인트**
  어깨 회전 시 두 가슴을 열고, 어깨 높이를 유지한다.
  몸을 회전할 때 바로 세우고, 엉덩이를 붙인 상태로
  유지한다.
  어깨를 등 아래로 안정화시킨다.

● **시작 자세**
앉은 자세에서 두 다리는 모으고 무릎은 구부려 세
운다. 두 손으로 써클링을 잡고 가슴 높이까지 들어
올린다.

● **unit 1. roll back(롤백)**
내쉬고 골반을 천천히 뒤로 기울여 C커브를 만든다.
마시며 시작 자세로 돌아온다.

● **unit 2. single leg lift(싱글 레그 리프트)**
내쉬면서 오른 다리를 테이블 탑 자세로 가슴으로
들어 올린다. 마시며 오른 다리를 바닥으로 천천히
내리며 시작 자세로 돌아온다. 반대 방향도 같은 방
법으로 실시한다.

● **unit 3. spine twist(척추 회전)**
내쉬며 오른 다리를 들고 오른쪽으로 상체를 회전한
다. 마시며 오른 다리를 바닥으로 천천히 내리며 가
슴은 정면을 향한다.
반대 방향도 같은 방법으로 실시한다.

5 네발 기기 자세

1. 체간 모듈 Ⅰ

● **효과**
   척추 신전근, 굴곡근 강화, 어깨 안정화 향상

● **레슨 포인트**
   폄 동작 중 어깨가 굽히지 않고 어깨와 귀를 멀리 유지한다.
   목과 머리를 척추의 연장선상으로 유지한다.

● **시작 자세**

양팔은 어깨 너비로 벌린다. 양손은 어깨 밑에 무릎은 엉덩이 밑으로 정렬한다.

양 무릎 사이에 써클링을 끼워 조인다.

● **unit 1. cat stretch(캣 스트레치)**

내쉬며 머리를 가슴 쪽으로 당기고 척추를 천장 방향으로 밀어 올려 척추를 둥글게 굽어지게 한다.

손으로 바닥을 밀어 흉추를 스트레칭한다.

● **unit 2. cow stretch(카우 스트레치)**

마시며 머리는 들어 꼬리뼈를 천장 쪽으로 올려 척추를 최대한 편다.

복부를 위로 당기기고 허리뼈가 아래로 처지지 않게 한다.

● **unit 3. stomach massage(스터머 마사지)**

내쉬며 어깨와 발로 바닥을 밀면서 무릎을 들어 올린다. 마시며 무릎을 천천히 내린다.

2. 하체 모듈 II

● **효과**
골반과 어깨 안정화, 둔부근 강화, 균형 감각 발달, 골반대와 고관절 연결 인지

● **레슨 포인트**
펴는 동작 중 어깨가 굽히지 않고 어깨와 귀를 멀리 유지한다.
목과 머리를 척추의 연장선상으로 유지한다.
다리를 뻗을 때 흉곽 배치와 견갑대 정렬이 흐트러지지 않는다.

● **시작 자세**
양손은 어깨 밑에, 무릎은 엉덩이 밑으로 정렬한다. 배꼽 아래 10cm 밑에 써클링을 세워 몸에 붙인다.

● **unit 1. neutral qadruped(중립 네발 기기 자세)**
마시며 어깨를 내리면서 견갑골을 엉덩이 방향으로 끌어당긴다.

● **unit 2. single leg slide(싱글 레그 슬라이드)**
내쉬며 한쪽 다리를 바닥에서 미끄러지듯 뒤로 밀어낸다.
마시고 시작 자세로 돌아온다.
반대 방향도 같은 방법으로 실시한다.

● **unit 3. single leg extension(싱글 레그 익스텐션)**
내쉬며 다리를 길게 뒤로 뻗으면서 최대한 발을 뒤로 길게 뻗어 준다.
마시면서 다리를 내린다.
반대 방향도 같은 방법으로 실시한다.

- **효과**
  견갑골 주변 근육 강화, 어깨 안정화, 균형 감각 발달

- **레슨 포인트**
  어깨를 구부리거나 떨어지지 않는다.
  목과 머리를 척추의 연장선상으로 유지한다.
  팔을 들 때 견갑골이 척추 안으로 쏠리지 않도록 한다.

- **시작 자세**

배꼽 아래 10cm 밑에 써클링을 세워 몸에 붙인다. 양손은 어깨 밑에, 무릎은 엉덩이 밑으로 정렬한다.

- **unit 1. single leg slide(싱글 레그 슬라이드)**

내쉬며 발가락이 바닥을 쓸고 지나가듯 오른 다리를
길게 뒤로 뻗는다.
마시고 시작 자세로 돌아온다.
반대 방향도 같은 자세로 실시한다.

- **unit 2. arm reaching(암 리칭)**

내쉬며 오른 다리가 바닥을 쓰면서 뻗는다.
동시에 왼팔을 머리 위로 뻗는다.
마시며 팔을 내린다.
반대 방향도 같은 방법으로 실시한다.

- **unit 3. single leg extension(싱글 레그 익스텐션)**

내쉬며 다리를 길게 뒤로 뻗는다.
마시면서 팔을 내리고, 다리를 내린다.

2장

폼롤러(Foam Roller)
- 몸을 지지하며 정렬을 되찾는 도구

1 누운 자세 운동

1. 복부 모듈(on upper back)

● **효과**
복부 및 고관절 굴곡근 강화, 허리 안정화

● **레슨 포인트**
상체를 들어 올릴 때 갈비뼈를 모은다.
귀와 어깨를 멀어지게 한다.
어깨를 연 채로 머리를 올바르게 들어 올린다.

● **시작 자세**
날개뼈 위치에 폼롤러를 두고 두 손은 귀 높이에서 머리 뒤 깍지를 낀다.

두 다리는 무릎을 구부려 발바닥을 바닥에 놓는다.

• unit 1. chest extension(가슴 신전)

마시며 복부의 힘을 유지하고 가슴을 뒤로 젖힌다.

• unit 2. curl up(컬업)

내쉬며 머리를 들어 올린다.

마시면서 가슴을 뒤로 젖힌다.

• unit 3. single leg lift(싱글 레그 리프트)

내쉬며 견갑골을 띄운다는 느낌으로 오른
다리를 90도로 들어 올린다.

마시면서 다리를 바닥으로 천천히 내린다.

반대 다리도 같은 방법으로 실시한다.

• unit 4. criss cross(크리스 크로스)

내쉬며 왼쪽 팔꿈치를 오른 무릎 방향으로 돌려
척추를 회전한다.

마시면서 가슴을 정면으로 돌아온다.

반대 방향도 같은 방법으로 실시한다.

아프지 않게 움직이는 법, 오늘부터 필라테스

2. 하체 모듈 Ⅰ (on lower back)

● **효과**
고관절 굴곡근 강화, 복부 강화, 골반의 분리된 움직임 인지

● **레슨 포인트**
목에 주름이 잡히지 않도록 한다.
어깨가 상승하지 않도록 한다.
두 손은 폼롤러 양쪽을 잡고 고정시킨다.
한쪽 다리가 움직일 때 골반이 움직이지 않는다.

● **시작 자세**
척추는 중립을 유지하고, 폼롤러를 날개뼈에 대고 상체를 들어 올린다.
두 다리는 붙이고 바닥에 발을 붙인다. 발목은 발바닥굽힘한다.

● **unit 1. single leg lift(싱글 레그 리프트)**
내쉬며 한쪽 다리를 테이블 탑 자세로 다리를 90도로 들어 올린다.
반대 방향도 같은 방향으로 실시한다.

● **unit 2. single leg lower(싱글 레그 로우)**
마시고 내쉬며 다리를 천천히 바닥으로 내린다.
반대 방향도 같은 방법으로 실시한다.

● **unit 3. single leg slide(싱글 레그 슬라이드)**
내쉬며 발뒤꿈치가 바닥으로 미끄러지듯 다리를 뻗는다.
마시면서 다리를 시작 자세로 돌아온다.
반대 방향도 같은 방법으로 실시한다.

3. 하체 모듈 Ⅰ (on lower back)

- **효과**
  고관절 굴곡근 강화, 골반 안정화 및 고관절 인지 능력 향상

- **레슨 포인트**
  골반이 틀어지지 않도록 한다.
  어깨와 목의 간격은 길게 유지한다.

- **시작 자세**
  천골 위치에 폼롤러를 두고 양손으로 폼롤러를 고정한다. 다리는 테이블 탑 자세를 유지한다.

- **unit 1. table top(테이블 탑 자세)**
  마시고 두 다리를 모아 무릎 각도 90도를 유지한다.

- **unit 2. single leg lower(싱글 레그 로우)**
  내쉬며 오른 다리를 천천히 내린다.
  마시며 오른 다리를 테이블 탑 시작 자세로 돌아온다.
  반대 다리도 같은 방법으로 실시한다.

- **unit 3. double leg lower(더블 레그 로우)**
  내쉬며 두 다리를 천천히 내린다.
  마시며 두 다리를 가슴으로 당긴다.

아프지 않게 움직이는 법, 오늘부터 필라테스

4. 하체 모듈 II (on lower back)

● **효과**
복부 강화, 척추 · 골반 안정성, 다리 근육 강화

● **레슨 포인트**
요추의 C커브를 유지한다.
두 손을 폼롤러를 눌러 어깨를 넓게 벌린다.
다리를 교차할 때 골반이 움직이지 않도록 한다.

● **시작 자세**
천골 위치에 폼롤러를 두고 양손으로 폼롤러를 고정한다. 다리는 테이블 탑 자세를 한다.

● **unit 1. single leg stretch(싱글 레그 스트레치)**
내쉬며 오른 다리를 사선으로 뻗는다.
마시며 시작 자세로 돌아온다.
반대 방향도 같은 방법으로 실시한다.

● **unit 2. double leg stretch(더블 레그 스트레치)**
내쉬며 두 다리를 사선으로 뻗는다.
마시며 시작 자세로 돌아온다.

● **unit 3. beat(비트)**
내쉬며 두 다리를 옆으로 벌린다.
마시며 두 다리를 모은다.

5. 하체 모듈 III(on lower back)

● 효과
　복부 및 고관절 굴곡근 강화, 요추 안정성 향상, 고관
　절 및 햄스트링 유연성 증가

● 레슨 포인트
몸통이 흔들리지 않도록 한다.
어깨와 가슴을 내린다.
목과 가슴의 간격을 유지한다.
목, 어깨 요추에 통증이 있다면 주의해서 동작한다.
골다공증 있다면 상체를 들지 않는다.

● 시작 자세

날개뼈 위치에 폼롤러를 두고 두 손은 귀 높이에서 머리 뒤 깍지를 낀다.

두 다리는 무릎을 굽혀 발바닥을 바닥에 둔다.

● unit 1. table top(테이블 탑 자세)

마시며 두 다리는 테이블 탑 자세를 한다.

● unit 2. double straight leg stretch
　(더블 스트레이트 레그 스트레치)

내쉬며 두 다리를 사선으로 뻗는다.
마시며 시작 자세로 돌아온다.

● unit 3. double straight leg lower
　(더블 스트레이트 레그 로우)

내쉬며 두 다리를 사선으로 뻗고 1cm 바닥으로
천천히 내린다. 마시며 시작 자세로 돌아온다.

아프지 않게 움직이는 법, 오늘부터 필라테스

6. 하체 모듈 Ⅲ(on lower back)

● **효과**

척추와 골반의 안정화를 유지한 상태에서의 고관절 분리 움직임 향상

● **레슨 포인트**

대퇴골이 골반으로부터 독립된 움직임을 갖는다.

골반이 움직이지 않는 범위에서 다리를 움직인다.

대퇴골두, 무릎 발가락 정렬을 유지한다.

늑골은 바닥에 강하게 누른다.

● **시작 자세**

천골 위치에 폼롤러를 두고 양손으로 폼롤러를 고정한다.

두 다리는 테이블 탑 자세를 유지한다.

● **unit 1. hamstring stretch(햄스트링 스트레치)**

내쉬며 무릎을 펴고 천장으로 뻗는다.

마시며 발목을 발등굽힘한다.

● **unit 2. hip abduction & adduction**

   (고관절 외전 & 내전)

내쉬며 두 다리를 좌우로 벌린다.

마시면서 허벅지 안쪽이 닿도록 두 다리를 모은다.

내쉬며 오른 다리는 머리 위로, 왼 다리는 발 아래로 반원을 그리며 다리를 위아래로 뻗는다.

마시며 두 다리를 배꼽 앞에서 모아 시작 자세로 돌아온다.

발목은 발바닥 굽힘과 발등 굽힘을 한다.

반대방향도 같은 방법으로 실시한다.

7. 하체 모듈 IV(on feet)

● **효과**
골반과 견갑골 안정화, 척추 가동성, 협응 운동, 복근
안정성

● **레슨 포인트**
두 손은 폼롤러 양쪽에 잡고 고정한다.
목에 주름이 잡히지 않도록 한다.
어깨가 상승하지 않도록 한다.

● **시작 자세**
천골 위치에 폼롤러를 두고 양손으로 폼롤러를 고정한다.
두 다리는 테이블 탑 자세를 유지한다.

● **unit 1. hip twist(엉덩이 회전하기)**
내쉬며 두 엉덩이가 폼롤러에서 떨어지지 않도록
두 다리를 왼쪽으로 회전한다.
마시며 두 다리를 가슴 앞으로 당기며 시작 자세로
돌아온다.
반대 방향도 같은 방법으로 실시한다.

● **unit 2. double leg stretch(더블 레그 스트레치)**
내쉬며 왼쪽으로 돌린 두 다리를 모아서
사선으로 뻗는다. 마시며 무릎을 구부리고
다리를 시작 자세로 돌아온다.

● **unit 3. double leg lower(더블 레그 로우)**
내쉬며 왼쪽으로 다리를 회전하고 사선으로 뻗는다.
마시고 내쉬며 1cm 바닥으로 천천히 내린다.
마시며 무릎을 접어 제자리로 돌아온다.
반대 방향도 같은 방법으로 실시한다.

8. 하체 모듈 V(on feet)

● **효과**

척추와 골반의 안정화, 고관절 가동성, 고관절 굴곡
근과 대퇴사두근 강화

● **레슨 포인트**

골반의 전방경사가 일어나지 않도록 주의한다.
다리를 올릴 때 강조를 한다.

● **시작 자세**

누운 자세에서 무릎을 세우고 발바닥 밑에 폼롤러를
둔다. 두 손은 몸통 옆에 손바닥이 아래를 향하게 놓
는다.

● **unit 1. double leg slide(더블 레그 슬라이드)**

내쉬며 두 다리를 펴며 폼롤러를 발끝으로 밀어낸다.
마시며 시작 자세로 돌아온다.

● **unit 2. single leg straight lift**

  (싱글 레그 스트레이트 리프트)

왼쪽 다리 발목 뒤에 폼롤러를 누르며 내쉬며 오른
쪽 다리를 쭉 편 상태에서 천장으로 들어 올린다.
마시며 오른 다리를 바닥으로 천천히 내린다.
반대 다리도 같은 방법으로 실시한다.

● **unit 3. single leg circle(싱글 레그 써클)**

내쉬며 몸의 바깥쪽으로 반원을 그린다.
마시면서 몸의 중앙 안쪽으로 반원을 그린다.
반대 방향도 같은 방법으로 실시한다.

아프지 않게 움직이는 법, 오늘부터 필라테스

효과

코어 조절 증진, 등의 굴곡과 신전, 햄스트링 향상, 대둔근과 척추 기립근 강화

레슨 포인트

엉덩이를 들고 올리고 내릴 때 폼롤러가 움직이지 않게 한다.

등이 아치 모양이 될 정도로 높게 들지 않는다.

시작 자세

무릎을 굽힌 발은 골반 넓이만큼 벌려서 폼롤러 위에 발을 얹는다.

팔은 옆에 내려놓고 손바닥은 아래를 향한다.

unit 1. hip roll(힙 롤)

내쉬며 배꼽을 척추 쪽으로 당기고 골반을 뒤로 기울여 꼬리뼈를 들어 올린다.

마시며 시작 자세로 돌아온다.

unit 2. shoulder bridge(숄더브릿지)

내쉬며 꼬리뼈부터 척추를 들어 올려 어깨에서 무릎까지 곧은 사선이 되도록 한다.

호흡하며 배꼽을 엉덩이 근육에 힘을 주어 자세를 유지한다.

내쉬며 등부터 척추뼈를 한 마디씩 바닥으로 내리고 시작 자세로 돌아온다.

unit 3. hamstring curl(햄스트링 컬)

내쉬며 발바닥으로 폼롤러를 누르면서 폼롤러를 몸으로 멀리 밀어내며 무릎을 1cm 편다.

마시며 무릎을 구부려 시작 자세로 돌아온다.

10. 복부 모듈

● **효과**
　팔 다리의 움직임에 대한 인지력과 복부 코어 근육의
　지구력 향상, 균형 감각

● **레슨 포인트**
　흉곽이 벌어지지 않도록 등을 바닥에 붙인다.
　팔과 다리를 움직여도 체간은 움직이지 않는다.

● **시작 자세**

바르게 누운 자세에서 정강이 사이에 폼롤러를 끼워 테이블 탑 자세를 유지한다.

두 손은 가슴 앞에서 천장으로 뻗는다.

● **unit 1. table top(테이블탑)**

내쉬면서 머리와 어깨의 간격을 멀리 유지한다.

허벅지로 폼롤러를 조인다.

● **unit 2. arm reaching(암 리칭)**

마시면서 두 팔을 머리 위로 뻗는다.

내쉬면서 시작 자세로 돌아온다.

● **unit 3. double leg stretch(더블 레그 스트레치)**

내쉬면서 폼롤러를 조이면서 두 다리는 대각선으로
뻗는다.

마시면서 양손을 가슴 앞으로 내리고, 두 다리를
가슴으로 구부린다.

아프지 않게 움직이는 법, 오늘부터 필라테스

2 엎드린 자세 운동

1. 하체 모듈 Ⅰ

● **효과**
어깨 안정화, 등 신전근 및 둔근 강화, 햄스트링 강화,
척추 신전

● **레슨 포인트**
어깨를 내리고 간격을 넓게 유지하며, 목이 꺾이지
않도록 한다.
등을 신전하기 전에 팔꿈치를 먼저 편다.
체중이 한쪽으로 기울어지지 않는다.

● **시작 자세**
엎드린 자세에서 두 다리는 골반 너비로 벌린다.
두 팔을 머리 위로 뻗어 손목 아래에 폼롤러를 두고
이마를 바닥에 붙인다.

● **unit 1. single leg extension(싱글 레그 익스텐션)**
내쉬며 등의 힘으로 폼롤러를 누르면서 한 다리를
뻗는다.
마시며 다리를 바닥으로 내린다.
반대 다리도 같은 방법으로 실시한다.

unit 2. double leg extension(더블 레그 익스텐션)

내쉬며 등의 힘으로 폼롤러를 누르면서 두 다리를
동시에 길게 뻗는다.

마시며 두 다리를 천천히 바닥으로 내리며 시작 자
세로 돌아온다.

unit 3. swimming(스위밍)

내쉬며 오른 다리 올린다.

마시며 오른 다리를 내리면서 왼 다리를 들어 올린
다. 익숙해지면 내쉬면서 오른 다리와 왼팔을 들어
올린다. 마시면서 팔다리를 내리는 동시에 반대편
팔다리를 올린다. 빠르게 바꿔 가며 팔다리는 바닥
에 닿지 않고 수영 동작을 흉내 낸다.

내쉬면 5회 마시며 5회 실시한다.

아프지 않게 움직이는 법, 오늘부터 필라테스

● **효과**

어깨 안정화, 햄스트링 및 등 신전근 강화, 둔부 강화,
전면 가슴과 복부 및 고관절 스트레칭 향상, 척추 신전

● **레슨 포인트**

고관절을 바닥에 붙인다. 다리 찰 때 무릎과 발목 정
렬을 유지한다.
목이 꺾이지 않도록 길게 유지한다.
어깨는 내리고 귀와 어깨 간격이 멀어지게 한다.

● **시작 자세**

엎드린 자세에서 두 다리는 골반 너비로 벌린다. 두 팔을 머리 위로 뻗어 손목 아래에 폼롤러를 두
고 시선은 바닥에 둔다. 발목은 발바닥 굽힘한다.

● **unit 1. single leg kick(싱글 레그 킥)**

내쉬며 발목의 발바닥 굽힘한 후 오른 다리를 구부
린다. 마시며 다리를 길게 뻗는다.
반대 다리도 같은 방법으로 실시한다.

● **unit 2. double leg kick(더블 레그 킥)**

내쉬며 두 다리를 구부린다.
마시며 다리를 길게 뻗는다.

● **unit 3. frog(프로그)**

등 힘으로 폼롤러를 누르며 상체의 신전을 유지한
다. 내쉬며 두 무릎을 구부린 상태에서 발끝을 천장
으로 1cm 밀어 올린다.
마시며 두 다리를 길게 뻗어 편다.

● **효과**

척추 신전, 견갑대 안정성 및 유연성 증가

● **레슨 포인트**

허리가 과신전되거나 꺾이지 않도록 유의한다.

상체를 들어 올릴 때 코어를 사용한다.

● **시작 자세**

엎드린 자세에서 두 다리는 골반 너비로 벌린다. 두 팔을 머리 위로 뻗어 손목 아래에 폼롤러를 두고 이마를 바닥에 붙인다. 등 힘으로 폼롤러를 바닥으로 누른다. 귀와 어깨 간격을 멀리 유지한다.

● **unit 1. mini swan(미니 스완)**

폼롤러를 누르는 힘으로 상체를 쇄골까지 들어 올려 목을 신전시킨다.

마시며 시작 자세로 돌아온다.

● **unit 2. swan(스완)**

내쉬며 폼롤러를 바닥으로 밀어내며 상체를 가슴까지 들어 올려 흉추를 신전시킨다.

마시며 시작 자세로 돌아온다.

● **unit 3. big swan(빅 스완)**

내쉬며 폼롤러를 바닥으로 밀어내며 상체를 배꼽까지 들어 올려 척추 전체를 신전시킨다.

마시며 시작 자세로 돌아온다.

③ 앉은 자세

1. 체간 모듈 Ⅰ

● 효과
요추 골반 안정화, 고관절 굴곡근·신전근 강화, 골반 기저근 강화

● 레슨 포인트
요추 굴곡 시 어깨 말림을 주의한다.
척추 굴곡을 위해 복부 연결을 유지한다.
턱을 짓누르지 않는다.
팔꿈치의 과신전, 손목 꺾임에 주의한다.

● 시작 자세
폼롤러를 무릎 뒤에 놓고 무릎을 세워 앉는다. 두 손을 폼롤러 위에 가볍게 올린다.

● unit 1. neutral sitting(중립 앉기)
폼롤러를 무릎 뒤에 두고 무릎을 세워 앉는다.
손을 폼롤러 위에 두고 척추를 천장으로 길게 신장시킨다.

● unit 2. roll back(롤백)
내쉬며 골반을 뒤로 기울여 C커브를 만든다.
마시며 시작 자세로 돌아온다.

● unit 3. spine twist(척추 회전)
내쉬며 오른손을 밖으로 돌리며 몸통을 회전한다.
마시고 팔을 앞으로 모아 시작 자세로 돌아온다.

2. 체간 모듈 II

● **효과**

요추 골반 안정화, 견갑대 안정화, 복근 강화, 척추 유
연성 향상

● **레슨 포인트**

요추 굴곡 시 어깨가 긴장되지 않도록 한다.
배꼽-흉골-코의 신체 정렬을 일직선으로 유지한다.
손의 힘이 아닌 복부의 힘으로 동작한다.
척추를 분절한다.

● **시작 자세**

폼롤러를 꼬리뼈 뒤에 두고 척추를 중립을 유지하고 무릎을 세워 앉는다. 두 손은 폼롤러 위에 둔다.

● **unit 1. neutral sitting(중립 앉기)**

내쉬며 두 손을 가슴 앞으로 나란히 한다.
흉곽과 복부를 수축하여 척추를 천장으로 길게 신장
시킨다.

● **unit 2. roll back(롤백)**

내쉬며 허리로 폼롤러를 뒤로 밀어내듯이 척추 C곡
선을 만든다. 마시며 머리-가슴-허리 순으로 척추를
세워 시작 자세로 돌아온다.

● **unit 3. spine twist(척추 회전하기)**

폼롤러를 엉덩이 뒤 30cm 떨어진 곳에 둔다.
내쉬며 오른손으로 폼롤러 위에 올려 두고 뒤 사선
으로 멀리 밀어낸다.
마시며 오른손으로 폼롤러를 누르면서 몸 가까이 끌
어온다. 반대 방향도 같은 방법으로 실시한다.

아프지 않게 움직이는 법, 오늘부터 필라테스

3. 체간 모듈 Ⅲ

● **효과**

팔다리 움직임을 통한 복근 강화, 요추 골반 안정화, 다리의 분리된 움직임 인지

● **레슨 포인트**

척추 굴곡을 위해 복부 연결을 유지한다.

턱을 짓누르지 않는다.

몸통이 측면으로 굽혀지지 않도록 한다.

무릎을 굽힐 때, 골반이 틀어지지 않도록 한다.

● **시작 자세**

폼롤러를 꼬리뼈 뒤에 두고 척추를 중립을 유지하고 무릎을 세워 앉는다. 두 손은 폼롤러 위에 둔다.

● **unit 1. roll back(롤백)**

내쉬며 두 손을 가슴 앞으로 들면서 척추 C곡선을 만든다.

마시며 두 손을 바닥으로 내리며 척추 중립 시작 자세로 돌아온다.

● **unit 2. single leg lift(싱글 레그 리프트)**

내쉬면서 오른 다리를 테이블 탑 자세로 들어 올린다. 마시고 내쉬며 오른 다리를 천천히 내려 시작 자세로 돌아온다.

● **unit 3. spine twist(척추 회전하기)**

내쉬며 오른손은 머리 뒤에 올리고 오른쪽으로 상체를 회전한다.

마시며 시작 자세로 돌아온다.

반대 방향도 같은 방법으로 실시한다.

● **효과**

요추 골반 안정화, 견갑대 안정화, 복근 강화, 척추 유
연성 향상

● **레슨 포인트**

요추 굴곡 시 어깨 말림을 주의한다.

척추 굴곡을 위해 복부 연결을 유지한다.

턱을 짓누르지 않는다.

팔꿈치의 과신전, 손목 꺾임에 주의한다.

흉추의 회전 시 골반은 움직이지 않는다.

● **시작 자세**

무릎을 세워 척추를 길게 신장시키며 앉는다. 폼롤러를 몸 가까이에 붙여 가슴 앞에 둔다.

● **unit 1. roll back(롤백)**

가슴 앞에 폼롤러를 얹고 내쉬고 척추의 C커브를 유
지하며 몸을 뒤로 기울인다.

마시며 시작 자세로 돌아온다.

● **unit 2. shoulder press(숄더 프레스)**

내쉬며 척추 높이를 유지하며 폼롤러를 정수리 위로
들어 올린다.

마시며 폼롤러를 가슴 앞으로 천천히 내린다.

● **unit 3. spine twist(척추 회전하기)**

내쉬며 척추 높이를 유지하며 폼롤러를 머리 위로
든다. 마시고 내쉬며 가슴을 오른쪽으로 회전한다.

마시며 몸통을 정면으로 돌아 폼롤러를 가슴 앞으로
천천히 내린다.

반대 방향도 같은 방법으로 실시한다.

 ## 4 네발 기기 자세

1. 체간 모듈 Ⅰ

- **효과**
  척추 가동성, 어깨 안정화 향상

- **레슨 포인트**
  폄 동작 중 어깨가 굽히지 않고 어깨와 귀를 멀리 유지한다.
  목과 머리를 척추의 연장선상으로 유지한다.

- **시작 자세**

팔꿈치를 구부려 폼롤러 위에 둔다. 어깨 아래 팔꿈치를 두고, 고관절 밑에 무릎을 둔다.

- **unit 1. cat stretch(캣 스트레치)**

내쉬며 팔꿈치로 폼롤러를 가슴으로 당기며 척추를 둥글게 굽힌다.

- **unit 2. cow stretch(카우 스트레치)**

마시며 팔꿈치로 폼롤러를 가슴 앞으로 밀어내면서 척추를 최대한 편다.
복부를 위로 당기고 허리뼈가 아래로 처지지 않게 한다.

- **unit 3. spine neutral position(네발 기기 척추 중립)**

내쉬며 양 팔꿈치와 양쪽 무릎에 똑같이 체중을 분산한다. 골반이 바닥과 수평으로 골반 중립을 유지한다.

2. 체간 모듈 II

● **효과**
척추 신전근, 굴곡근 강화, 어깨 안정화 향상

● **레슨 포인트**
폄 동작 중 어깨가 굽히지 않고 어깨와 귀를 멀리 유지한다.
목과 머리를 척추의 연장선상으로 유지한다.

● **시작 자세**
팔꿈치는 어깨 너비만큼 벌리고 무릎은 골반 너비만큼 벌린다. 어깨 밑에 팔꿈치를 구부려 폼롤러 위에 둔다. 무릎은 엉덩이 밑으로 정렬한다.

● **unit 1. spine neutral position(네발 기기 척추 중립)**
양 팔꿈치와 양쪽 무릎에 똑같이 체중을 분산한다.
골반이 바닥과 수평으로 골반 중립을 유지한다.

● **unit 2. knee bend(무릎 구부리기)**
마시며 팔꿈치와 한쪽 무릎을 배꼽 밑에서 만난다는 느낌으로 당긴다.

● **unit 3. single leg extension(한 다리 뻗기)**
내쉬며 팔꿈치는 어깨 밑에 고정하고 오른 다리를 길게 뻗는다.
마시고 시작 자세로 돌아간다.
반대 다리도 같은 방법으로 실시한다.

3. 체간 모듈 III

● **효과**

골반과 어깨 안정화, 둔부근 강화, 균형 감각 발달, 골반대와 고관절 연결 인지

● **레슨 포인트**

폄 동작 중 어깨가 굽히지 않고 어깨와 귀를 멀리 유지한다.

목과 머리를 척추의 연장선상으로 유지한다.

다리를 뻗을 때 흉곽 배치와 견갑대 정렬을 유지한다.

● **시작 자세**

어깨 밑에 팔꿈치를 구부려 폼롤러 위에 두고, 무릎은 엉덩이 밑으로 정렬한다.

● **unit 1. single leg slide(싱글 레그 슬라이드)**

내쉬며 다리가 바닥을 미끄러지듯이 오른 다리를 뒤로 뻗는다.

마시고 시작 자세로 돌아온다.

반대 다리도 같은 방법으로 실시한다.

● **unit 2. arm reaching(암 리칭)**

내쉬며 오른 발가락을 바닥에 대고 뒤로 뻗고 왼팔을 머리 위로 뻗는다. 마시며 팔을 바닥으로 내리고 다리를 구부려 시작 자세로 돌아온다.

반대 방향도 같은 방법으로 실시한다.

● **unit 3. diagonal reaching(다이아고날 리칭)**

내쉬며 오른팔과 왼 다리를 동시에 길게 뻗는다.

마시면서 팔을 내리고 다리를 바닥으로 내린다.

반대 방향도 같은 방법으로 실시한다.

● **효과**

척추 유연성 향상, 복부 강화, 견갑대 안정성 증가

● **레슨 포인트**

척추 분절과 함께 시선을 자연스럽게 따라간다.

머리를 과신전하지 않는다.

● **시작 자세**

폼롤러를 무릎 앞에 두고 무릎 꿇고 앉는다.

● **unit 1. roll down(롤 다운)**

내쉬며 두 손으로 폼롤러를 누르며 머리부터 구부려

척추를 굴곡시킨다.

● **unit 2. roll down(롤 다운)**

내쉬며 폼롤러를 바닥으로 누르면서 복부는 등 뒤로

밀어내고 손을 앞으로 뻗는다.

● **unit 3. resting position(휴식 자세)**

손끝은 앞으로 꼬리뼈는 바닥으로 눌러내며 등 호흡

을 한다.

3장

밴드(Band)
- 가볍지만 강한 저항으로 근육을 깨우기

 **누운 자세 운동**

1. 복부 모듈

- **효과**
  척추 유연성 향상, 복부 강화, 견갑대 안정성 증가

- **레슨 포인트**
  팔꿈치를 이용하여 동작을 하지 않는다.
  동작 내내 머리가 밴드에서 떨어지지 않도록 한다.

- **시작 자세**

바로 누운 자세에서 골반 넓이로 발을 벌리고 무릎을 굽혀 준다.

밴드를 반으로 접어 두 손으로 잡아 귀 높이의 머리뼈 밑에 고정한다.

- **unit 1. neutral spine(척추 중립)**

바르게 누운 자세에서 머리, 어깨, 등, 엉덩이, 발이
바닥에 닿인 상태로 척추 중립을 유지한다.

• unit 2. curl up(컬업)

내쉬며 엉덩이 힘을 풀지 않고 머리를 들어 올린다.

턱을 가슴 쪽으로 당긴 상태를 유지한다.

어깨뼈가 매트에서 약간 떨어지게 한다.

마시며 시작 자세로 돌아온다.

• unit 3. single leg lift(싱글 레그 리프트)

내쉬며 오른 다리를 가슴으로 들어 올린다.

마시며 시작 자세로 돌아온다.

반대 다리도 같은 방법으로 실시한다.

아프지 않게 움직이는 법, 오늘부터 필라테스

2. 하체 모듈 Ⅰ

● **효과**

고관절 굴극곤, 척추 굴곡근, 복부 근육 강화, 다리의 분리된 움직임 인지, 척추 회전 가동성 증가

● **레슨 포인트**

동작을 하는 동안 목과 가슴의 간격을 손가락 한 마디 간격으로 유지한다.

허리를 편평하게 만들어 허리에 하중이 가지 않도록 한다. 목 굽힘근을 많이 사용할 수 있으므로 필요시 머리를 내려 쉬도록 한다.

다리를 교차할 때 골반이 움직이지 않도록 한다.

● **시작 자세**

바로 누운 자세에서 골반 넓이로 발을 벌리고 오른 다리만 테이블 자세를 유지한다.

밴드를 반으로 접어 머리 뒤에 고정하고 견갑골까지 상체를 들어 올린다.

● **unit 1. single leg lower(싱글 레그 로우)**

내쉬며 테이블 자세를 유지하며 발꿈치를 바닥에 천천히 내려놓는다.

마시며 시작 자세로 돌아온다.

반대 방향도 같은 방법으로 실시한다.

● **unit 2. single leg slide(싱글 레그 슬라이드)**

내쉬며 오른 다리 발꿈치가 바닥을 미끄러지듯이 발을 뻗어 준다.

마시며 시작 자세로 돌아온다.

반대 방향도 같은 방법으로 실시한다.

● **unit 3. criss cross(크리스 크로스)**

들어 올린 오른 다리를 향하여 가슴을 오른쪽으로 회전한다. 마시며 가슴을 정면으로 회전한다.

반대 방향도 같은 방법으로 실시한다.

3. 하체 모듈 II

● **효과**

고관절 굴극곤, 척추 굴곡근, 복부 근육 강화, 다리의
분리된 움직임 인지

● **레슨 포인트**

동작을 하는 동안 목과 가슴의 간격을 손가락 한 마
디 간격으로 유지한다.

허리를 편평하게 만들어 허리에 하중이 가지 않도록
한다. 목 굽힘근을 많이 사용할 수 있으므로 필요시
머리를 내려 쉬도록 한다.

허리가 바닥에서 뜨지 않는 범위로 다리를 움직인다.

● **시작 자세**

바로 누운 자세에서 골반 넓이로 발을 벌리고 오른 다리만 테이블 자세를 유지한다.

왼발은 바닥에 고정한다. 밴드를 반으로 접어 머리 뒤에 고정하고 견갑골까지 상체를 들어 올린다.

● **unit 1. single leg lift(싱글 레그 리프트)**

마시며 오른 다리를 테이블 자세로 들어 올린다.
내쉬며 오른 다리를 바닥으로 천천히 내린다.
반대 방향도 같은 방법으로 실시한다.

● **unit 2. double leg lift(더블 레그 리프트)**

마시며 두 다리를 가슴으로 천천히 당긴다.
허리가 바닥에서 뜬다면 한 다리씩 들어 올린다.
내쉬며 두 다리를 천천히 바닥으로 내려 시작 자세
로 돌아온다.

● **unit 3. double legs stretch(더블 레그 스트레치)**

내쉬며 두 다리를 하나로 모아 45도 사선으로 뻗는
다. 마시며 시작 자세로 돌아온다.

아프지 않게 움직이는 법, 오늘부터 필라테스

4. 하체 모듈 Ⅲ

● **효과**

요추·골반 안정성 향상, 복부 강화, 어깨 안정성 증가

● **레슨 포인트**

요추를 편평하게 바닥을 붙이고 유지한다.

양어깨와 팔꿈치를 바닥에 댄 채 이완시킨다.

다리를 뻗을 때 골반이 바닥에서 뜨지 않는다.

동작 내내 밴드의 탄성을 유지한다.

● **시작 자세**

누운 자세에서 두 손으로 밴드를 길게 잡고 발바닥

밴드를 건다.

두 다리는 테이블 탑 자세를 유지한다.

● **unit 1. double leg stretch(더블 레그 스트레치)**

내쉬며 반대편 다리도 45도 정도 길게 뻗는다.

마시고 시작 자세로 돌아온다.

● **unit 2. hip twist(골반 회전하기)**

내쉬며 두 다리를 모아 왼쪽으로 회전한다.

마시며 시작 자세로 돌아온다.

반대 방향도 같은 방법으로 실시한다.

● **unit 3. double leg oblique stretch**

   (더블 레그 오플리 스트레치)

회전한 두 다리를 45도 방향으로 길게 뻗는다.

마시고 시작 자세로 돌아온다.

반대 방향도 같은 방법으로 실시한다.

5. 하체 모듈 IV

● **효과**
척추 분절, 척추 스트레칭, 골반 및 코어 조절, 어깨의 안정성

● **레슨 포인트**
척추 마디마디를 순선대로 움직여 C자로 굽이지게 한다. 목을 적절한 정렬 상태를 유지한다. 꼬리뼈로 균형점을 찾도록 중심을 유지한다. 양어깨와 양팔을 이완하여 배 근육으로 움직임을 조절한다. 다리를 펴지 않는다. 저항 밴드의 탄력을 이용해 움직임을 제어한다.

● **시작 자세**
누운 자세에서 두 손으로 밴드를 길게 잡고 발바닥 아치 부분에 밴드를 걸어 두 다리는 테이블 자세를 유지한다. 양손으로 밴드를 더 팽팽하게 당겨 움직임을 보조한다.

● **unit 1. table top position(테이블 탑 자세)**
내쉬면서 머리-어깨-등-허리 순으로 순차적으로 바닥에서 척추를 뗀다.

● **unit 2. rolling like a ball(공 구르기, 롤링 라이커 볼)**
마시고 내쉬며 밴드를 잡은 어깨의 안정성을 바탕으로 꼬리뼈 바리 뒤쪽에서 균형점을 잡는다.
팔꿈치는 옆으로 펼친 상태를 유지한다.

● **unit 3. roll down(롤 다운)**
내쉬며 무릎을 펴면서 허리-등-어깨-머리 순으로 시작 자세로 돌아온다.

6. 골반 모듈

● **효과**
　복부와 골반의 안정성, 견갑 안정성

● **레슨 포인트**
　높게 엉덩이를 들어 올려서 등을 과하게 펴지 않도록 주의한다. 한 다리를 들어 올릴 때 골반이 바닥으로 떨어지지 않도록 골반 수평을 유지한다. 밴드를 바닥을 누르는 힘은 등을 펴는 힘에서 시작된다. 양어깨와 양팔을 이완하여 배 근육으로 움직임을 조절한다.

● **시작 자세**
누워서 무릎을 굽히고 발을 엉덩이 넓이로 벌려서 바닥에 평평하게 붙인다. 양손으로 밴드를 반으로 접고 잡아서 고관절 앞에 댄다.

● **unit 1. hip roll(힙 롤)**
내쉬며 골반을 뒤로 기울이며 척추뼈를 한 마디씩 천천히 말아 올린다.

● **unit 2. shoulder bridge(숄더 브릿지)**
내쉬며 엉덩이 힘으로 밴드를 밀어낸다. 어깨에서 무릎까지 일직선이 되도록 한다. 마시면서 자세 유지한다. 내쉬며 등부터 척추뼈를 한 마디씩 내리고 시작 자세로 돌아온다.

● **unit 3. single leg shoulder bridge**
　(싱글 레그 숄더 브릿지)
내쉬며 왼발은 바닥에 고정하고 오른쪽 다리는 왼쪽 무릎 높이로 뻗는다. 마시며 오른 다리를 천장으로 뻗는다. 내쉬며 오른 다리를 왼쪽 무릎 높이로 사선으로 뻗는다. 마시며 오른 다리 무릎을 접어 발바닥을 바닥에 내려놓는다. 반대 다리도 같은 방법으로 실시한다.

● **효과**

어깨 안정성 및 가동성 증가, 팔-다리움직임을 통한 복근강화, 신체 조절 능력 향상

● **레슨 포인트**

척추가 바닥에서 뜨지 않는 범위로 팔과 다리를 움직인다.

밴드를 양쪽으로 벌리는 힘을 유지한다.

두 다리는 모아 벌어지지 않는다.

● **시작 자세**

누운 자세에서 두 다리는 모아 테이블 자세를 유지한다.

밴드는 반으로 접어 양손으로 잡고 가슴으로 뻗는다.

● **unit 1. shoulder flexion(어깨 굽힘)**

내쉬며 밴드를 양손으로 단단히 벌리면서 두 팔을 머리 위로 뻗는다.

마시며 시작 자세로 돌아온다.

● **unit 2. double legs stretch Ⅰ(더블 레그 스트레치 Ⅰ)**

마시며 머리 위로 두 팔 뻗는다.

내쉬며 두 다리를 하나로 모아 45도 사선으로 뻗는다. 마시며 두 다리를 가슴으로 당긴다. 내쉬며 두 팔을 가슴 앞으로 뻗어 시작 자세로 돌아온다.

● **unit 3. double legs stretch Ⅱ(더블 레그 스트레치 Ⅱ)**

내쉬며 두 다리와 두 손을 동시에 뻗는다.

마시며 시작 자세로 돌아온다.

② 엎드린 자세 운동

1. 하체 모듈 I

● **효과**
척추 신전, 견갑대 안정성 및 유연성 증가, 다리 후면
근육 강화

● **레슨 포인트**
허리의 압박이 가해지지 않도록 배꼽을 바닥에서 들
어 올린다. 머리를 지나치게 숙이거나 뒤로 뻗지 않
도록 한다. 다리를 움직일 때 몸통이 흔들리지 않는
다. 치골을 바닥에 붙인다. 어깨 밑에 팔꿈치를 두고,
어깨와 귀의 간격을 넓게 유지한다.

● **시작 자세**
밴드를 날개뼈 밑에 두르고 두 손으로 휘감아 잡고, 팔꿈치를 구부려 바닥을 밀어내며 상체를 지지
한다. 동작 내내 다리는 골반 넓이로 벌려 바깥으로 외회전시켜 준다.

● **unit 1. single leg extension(싱글 레그 익스텐션)**
내쉬며 넙다리뼈를 바닥에서 띄운다는 느낌으로 한
다리를 1cm 든다. 마시며 시작 자세로 돌아온다.
반대 방향도 같은 방법으로 실시한다.

● **unit 2. double leg extension(더블 레그 익스텐션)**
내쉬며 두 다리를 동시에 1cm 든다.
마시며 시작 자세로 돌아온다.

● **unit 3. swimming(스위밍)**
내쉬며 마시는 호흡에 따라 두 다리를 번갈아 찬다.

● 효과

어깨 안정화, 햄스트링 및 등 신전근 강화, 둔부 강화, 전면 가슴과 복부 및 고관절 스트레칭 향상, 척추 신전

● 레슨 포인트

허리의 압박이 가해지지 않도록 배꼽을 바닥에서 들어 올린다. 머리를 지나치게 숙이거나 뒤로 뻗지 않도록 한다. 다리를 움직일 때 몸통이 흔들리지 않는다. 치골을 바닥에 붙인다. 어깨 밑에 팔꿈치를 두고, 어깨와 귀의 간격을 넓게 유지한다.

● 시작 자세

밴드를 날개뼈 밑에 두르고 두 손으로 휘감아 잡고, 팔꿈치를 구부려 바닥을 밀어내며 상체를 지지한다. 동작 내내 다리는 골반 넓이로 벌려 바깥으로 외회전시켜 준다.

● unit 1. single leg kick(싱글 레그 킥)

내쉬며 오른 발꿈치를 엉덩이 쪽으로 가져온다.
마시며 다리를 길게 뻗는다.
반대 다리도 같은 방법으로 실시한다.

● unit 2. double leg kick(더블 레그 킥)

내쉬며 두 다리를 엉덩이 쪽으로 구부린다.
마시며 다리를 길게 뻗는다.

● unit 3. frog(프로그)

등 힘으로 폼롤러를 누르며 상체의 신전을 유지한다. 내쉬며 두 무릎을 구부린 상태에서 발끝을 천장으로 1cm 밀어 올린다. 마시며 두 다리를 길게 뻗어 편다.

3. 상체 모듈 Ⅰ

- **효과**
  척추 신전, 견갑대 안정성 및 유연성 증가, 다리 후면 근육 강화

- **레슨 포인트**
  허리의 압박이 가해지지 않도록 배꼽을 바닥에서 들어 올린다. 다리는 뒤 벽을 미는 듯한 느낌을 유지한다. 머리를 지나치게 숙이거나 뒤로 뻗지 않도록 한다. 허리의 압박이 느껴지면 손을 귀보다 더 앞쪽으로 옮기거나 가슴까지만 들어 올린다. 팔꿈치를 과하게 펴지 않는다.

- **시작 자세**
  밴드를 날개뼈 밑에 두르고 두 손으로 휘감아 잡고, 손바닥은 귀 옆 바닥에 붙이고 엎드린다. 동작 내내 다리는 골반 넓이로 벌려 바깥으로 외회전시켜 준다.

- **unit 1. mini swan(미니 스완)**
  내쉬며 등으로 밴드를 밀어낸다는 느낌으로 쇄골을 들어 올린다. 마시며 시작 자세로 돌아온다.

- **unit 2. swan(스완)**
  내쉬며 머리, 목, 가슴, 배, 골반을 차례로 들어 올린다. 동시에 양팔 팔꿈치를 서서히 최대한 편다. 마시며 시작 자세로 돌아온다.

- **unit 3. swan dive(스완 다이브)**
  마시며 팔을 접어 팔꿈치가 바닥에 닿아도 다리는 더 길게 뒤로 뻗는다. 다리를 최대한 위로 들어 준다. 내쉬며 팔을 완전히 펴도 다리를 최대한 위로 들어 준다. 마시며 다리를 내리고 팔을 구부려 처음 자세로 돌아온다.

1. 하체 모듈 Ⅰ

● **효과**
중둔근, 소둔근 등 고관절 외전, 외회전근 강화

● **레슨 포인트**
어깨와 엉덩이가 흔들리지 않도록 유지한다.
다리를 뒤로 찰 때 척추가 과신전되지 않도록 한다.

● **시작 자세**
옆으로 누운 자세에서 아래쪽 팔은 접어 귀 아래에 팔베개를 한다. 위쪽 다리 발등에 밴드를 감아 위쪽 손으로 밴드를 감아 잡는다. 엉덩이와 어깨는 바닥과 수직을 유지한다. 균형을 유지하기 위해 아래쪽 다리를 구부린다. 아래쪽 허리를 바닥 위로 들어 올려 양 옆구리 길이를 똑같이 유지한다.

● **unit 1. side kick front(사이드 킥 프론트)**
내쉬며 위쪽 다리를 엉덩이 높이 정도로 든다.
발목은 편 상태로 최대한 앞으로 미끄러지듯 인다.

● **unit 2. side kick back(사이드 킥 백)**
마시며 위쪽 다리를 골반 뒤로 부드럽게 움직인다.
발목은 발등굽힘하여 발꿈치를 내민다.
내쉬며 시작 자세로 돌아온다.

● **unit 3. single leg circle(싱글레그 써클)**
내쉬며 엄지발가락을 안에서 밖으로 동전 크기의 작은 원을 그린다. 마시며 밖에서 안으로 돌린다.
반대 방향도 같은 방법으로 실시한다.

2. 하체 모듈 II

● 효과
복사근, 요방형근 강화, 골반 안정화, 옆구리 스트레칭, 내전근·중둔근 강화

● 레슨 포인트
어깨가 올라가지 않도록 주의한다.
골반이 틀어지지 않도록 주의한다.

● 시작 자세
옆으로 누운 자세에서 아래쪽 팔은 접어 귀 아래에 두고, 위쪽 손은 가슴 앞쪽 바닥 위에 두어 자세를 유지한다. 엉덩이와 어깨는 직각이 되도록 하고 다리는 평행이 되도록 한다. 아래쪽 허리를 바닥 위로 들어 올려 양 옆구리 길이를 똑같이 유지한다. 밴드를 끝을 묶어 골반 넓이의 원으로 만들고 발목 5cm 위에 걸어 옆으로 눕는다.

● unit 1. top leg side lift(윗다리 들어 올리기)
내쉬며 위쪽 다리를 들어 올린다.
마시며 시작 자세로 돌아온다.

● unit 2. bottom leg side lift(아랫다리 위로 올리기)
마시며 아래 다리를 위로 들어 올려 위쪽 다리에 닿게 한다.
내쉬며 아래 다리를 천천히 바닥으로 내린다.

● unit 3. leg side lift(레그 사이드 리프트)
두 다리가 하나라고 생각하고 두 다리를 동시에 뻗어서 올린다.
마시며 양다리를 매트로 천천히 내린다.
반대 방향도 같은 방법으로 실시한다.

3. 하체 모듈 Ⅲ

● 효과
고관절 외전·외회전 근육 강화, 골반 안정성 증가

● 레슨 포인트
어깨와 엉덩이가 흔들리지 않도록 유지한다. 허리네모근을 움직이지 않아 위쪽 골반을 머리 쪽으로 들지 않는다. 넙다리 엉덩이 소켓으로 가져가 엉덩이 굽힘근을 유연하게 유지하고 회전근이 동작을 수행할 수 있도록 해 준다.

● 시작 자세
옆으로 누운 자세에서 아래쪽 팔은 접어 귀 아래에 두고, 위쪽 손은 가슴 앞쪽 바닥 위에 두어 자세를 유지한다. 엉덩이와 어깨는 직각이 되도록 하고 다리는 평행이 되도록 한다.

아래쪽 허리를 바닥 위로 들어 올려 양 옆구리 길이를 똑같이 유지한다. 밴드를 끝을 묶어 골반 넓이의 원으로 만들고 무릎 5cm 위에 걸어 옆으로 눕는다.

● unit 1. mermaid(머메이드)
내쉬며 머리-어깨-골반-뒷꿈치를 일직선으로 유지하고 인어다리처럼 두 다리를 모아 무릎을 굽힌다.

● unit 2. clam(클램)
내쉬며 발뒤꿈치를 모아 무릎을 밖으로 벌린다.
마시며 두 무릎을 모은다.

● unit 3. high clam(하이 클램)
맞닿은 뒤꿈치를 골반 높이로 들어 올린다.
내쉬며 위쪽 무릎을 바깥으로 들어 올린다.
마시며 뒤꿈치 높이를 유지하고 무릎을 모은다.

아프지 않게 움직이는 법, 오늘부터 필라테스

4. 상체 모듈 Ⅰ

● **효과**

견갑대 골반대, 팔 움직임 사이의 연결 인지, 어깨와
골반 안정화, 상체 강화

● **레슨 포인트**

어깨 아래 팔꿈치까지 일직선을 유지한다.
상체가 앞으로 쏠리지 않도록 골반의 중립을 유지한
다. 뒤꿈치와 엉덩이의 정렬을 맞춘다.

● **시작 자세**

무릎을 굽히고 양다리를 서로 붙여 왼쪽 엉덩이로 비스듬히 앉는다. 왼쪽 어깨가 팔꿈치 위에 오도
록 한다. 밴드는 반으로 접어 묶어 무릎관절 5cm 위에 건다.

● **unit 1. half side plank(하프 사이드플랭크)**

아래쪽 무릎과 팔꿈치로 바닥을 밀고, 위쪽 손바
닥으로 바닥을 누른다. 내쉬며 엉덩이를 바닥에서
1cm 띄운다. 머리부터 무릎까지 사선 일직선 유지
한다. 마시며 엉덩이부터 바닥에 천천히 내려 시작
자세로 돌아온다.

● **unit 2. side plank with clam(사이드 플랭크 클램)**

내쉬며 허벅지를 바깥으로 들어 올려 조개가 입을
벌리듯 다이아몬드 모양을 만든다.
마시며 두 다리를 모으고 엉덩이를 바닥으로 천천히
내린다.

● **unit 3. arm opening(팔 펼치기)**

내쉬며 바닥을 짚던 손을 위팔을 천장으로 뻗는다.
마시며 천장으로 뻗을 팔을 내려 바닥을 짚는다.
내쉬며 엉덩이를 바닥으로 천천히 내려 시작 자세로
돌아온다.

4 앉은 자세

1. 체간 모듈 Ⅰ

● **효과**

어깨 안정화, 척추 회전근 및 신전근 강화, 어깨 및 척추 유연성 향상

● **레슨 포인트**

상체가 회전할 때 회전하는 방향의 어깨가 올라가지 않도록 한다. 상체가 회전할 때 반대쪽 골반이 들리지 않도록 한다. 엉덩이와 다리를 매트 위에 붙인 상태로 유지한다. 어깨와 팔은 이완하여 복부로 움직임을 제어한다.

● **시작 자세**

앉은 자세에서 두 다리를 모은다. 두 손바닥으로 밴드를 잡고 밴드를 발바닥에 건다.

● **unit 1. spine neutral position(척추 중립)**

마시고 엉덩이뼈에 체중을 둔다. 무릎 사이에 공이 있다고 생각하고 허벅지 안쪽에 힘을 주고 흉곽과 복부를 수축한다. 키가 커지듯이 척추 신장시킨다.

● **unit 2. roll back(롤백)**

내쉬며 골반을 뒤로 기울여 척추 C커브를 만든다. 마시며 시작 자세로 돌아온다.

● **unit 3. spine twist(척추 회전)**

내쉬며 오른손을 등 뒤로 당기며 오른쪽으로 몸통을 회전한다. 마시며 가슴을 정면으로 회전하며 시작 자세로 돌아온다.

아프지 않게 움직이는 법, 오늘부터 필라테스

2. 체간 모듈 II

● **효과**
어깨 안정화, 척추 회전근 강화, 고관절 굴곡근 강화,
하복부 강화

● **레슨 포인트**
몸을 회전할 때 바로 세우고, 엉덩이를 붙인 상태로
유지한다. 어깨를 등 아래로 안정화시킨다.

● **시작 자세**
앉은 자세에서 두 다리를 모아 무릎을 굽힌다. 두 손바닥으로 밴드를 잡고 밴드를 발바닥에 건다.

● **unit 1. roll back(롤백)**
내쉬며. 팔과 어깨의 힘이 아니라 복부의 힘으로
C곡선을 만든다.
마시며 시작 자세로 돌아온다.

● **unit 2. single leg lift(싱글 레그 리프트)**
마시며 오른 다리를 가슴으로 들어 올린다.
내쉬며 올린 다리를 천천히 바닥으로 내린다.
반대 방향도 같은 방법으로 실시한다.

● **unit 3. criss cross(크리스 크로스)**
내쉬면서 오른손을 등으로 당기면서 오른쪽으로 상
체를 회전한다. 마시며 가슴을 정면으로 회전한다.
내쉬며 오른 다리를 천천히 바닥으로 내린다.
반대 방향도 같은 방법으로 실시한다.

● **효과**

어깨관절 안정성 향상, 복부의 안정성

● **레슨 포인트**

목과 어깨의 간격을 넓게 유지한다.

어깨의 긴장이 들어가지 않도록 주의한다.

● **시작 자세**

앉은 자세에서 다리를 모아 무릎을 세워 앉는다.

밴드를 엉덩이 밑에 깔고 두 손을 머리 뒤로 넘겨 밴드를 잡는다.

● unit 1. round back(라운드 백)

마시며 척추를 C커브를 유지한 후 두 손을 머리 뒤
로 보낸다. 내쉬며 앉은 자세는 유지하고 팔꿈치를
편다.

● unit 2. flat back(플랫 백)

내쉬며 몸통이 다리에서 멀어지듯이 척추 중립을 유
지하며 몸을 뒤로 기울여 앉는다.

마시고 내쉬며 팔꿈치를 펴서 척추를 길게 신장시킨
다. 마시며 시작 자세로 돌아온다.

● unit 3. shoulder press(숄더 프레스)

내쉬며 두 손이 귀 옆을 지나 머리 꼭대기에서 만난
다는 느낌으로 팔을 위로 밀어 올린다.

마시며 두 손을 천천히 귀 옆으로 내려 시작 자세로
돌아온다.

4. 상체 모듈

- **효과**

  어깨 근육 강화, 척추의 안정성 증가

- **레슨 포인트**

  머리부터 골반까지 척추 중립을 유지한다.

  어깨-팔꿈치-손목의 정렬 일직선으로 유지한다.

  어깨를 넓게 편다.

  손목의 힘보다 어깨의 움직임을 먼저 생각한다.

- **시작 자세**

앉은 자세에서 두 엉덩이뼈 아래에 밴드를 둔다. 골반 중립으로 앉는다.

- **unit 1. frontal raise(프런트 레이즈, 전방 팔들기)**

내쉬며 두 손을 가슴 높이만큼 천천히 올린다.

마시며 시작 자세로 돌아온다.

- **unit 2. lateral raise(레터럴 레이즈, 측면 들기)**

내쉬며 두 손을 눈에 보이는 범위만큼 양쪽으로 벌린다.

마시며 시작 자세로 돌아온다.

- **unit 3. arm circle(암 써클)**

내쉬며 두 손을 눈에 보이는 범위만큼 양쪽으로 벌린다. 엄지손가락으로 내쉬며 안에서 밖으로, 마시며 밖에서 안으로, 동전 크기의 원을 그린다. 반대 방향도 같은 방법으로 실시한다.

5 네발 기기 자세

1. 체간 모듈 I

● **효과**
척추 가동성, 어깨 안정화 향상, 복부 강화

● **레슨 포인트**
폄 동작 중 어깨가 굽히지 않고 어깨와 귀를 멀리 유지한다. 목과 머리를 척추의 연장선상으로 완만한 C커브를 유지한다. 두 손과 두 무릎에 골고루 체중을 지지한다. 복부 힘으로 몸을 들어 올리는 느낌을 유지한다.

● **시작 자세**
밴드를 날개뼈 아래에 대고 두 손으로 잡는다. 무릎과 손으로 바닥을 짚는다.
양손은 어깨 밑으로 정렬하고 무릎은 엉덩이 밑으로 정렬한다.

● **unit 1. cat stretch(캣 스트레치)**
내쉬며 복부 힘으로 턱 끝을 가슴으로 당겨 등을 둥글게 천장으로 밀어 올린다.

● **unit 2. cow stretch(카우 스트레치)**
마시며 시선 정면을 보면서 어깨부터 등, 허리 순으로 척추를 순차적으로 편다. 복부를 위로 당기기고 허리뼈가 아래로 처지지 않게 한다.

● **unit 3. spine neutral position(네발 기기 척추 중립)**
내쉬며 복부를 위로 당기고 허리뼈가 아래로 처지지 않게 한다.
손목의 부하가 감소하는 느낌이 난다.

2. 하체 모듈

● **효과**

골반과 어깨 안정화, 둔부근 강화, 균형 감각 발달, 골반대와 고관절 연결 인지

● **레슨 포인트**

어깨가 굽히지 않고 어깨와 귀를 멀리 유지한다.
목과 머리를 척추의 연장선상으로 유지한다.
다리를 뻗을 때 흉곽 배치와 견갑대 정렬이 흐트러지지 않는다.

● **시작 자세**

밴드를 날개뼈 아래에 대고 두 손으로 잡는다. 무릎과 손으로 바닥을 짚는다.
양손은 어깨 밑으로 정렬하고 무릎은 엉덩이 밑으로 정렬한다.

● **unit 1. single leg slide(싱글 레그 슬라이드)**

내쉬며 한쪽 다리를 바닥에서 미끄러지듯 뒤로 밀어낸다. 마시고 시작 자세로 돌아온다. 반대 방향도 같은 방법으로 실시한다.

● **unit 2. single leg extension(싱글 레그 익스텐션)**

내쉬며 다리를 길게 뒤로 뻗으면서 최대한 발을 뒤로 길게 뻗어 준다. 마시면서 다리를 내린다.
반대 방향도 같은 방법으로 실시한다.

● **unit 3. single leg kick(싱글 레그 킥)**

내쉬며 뻗은 다리를 구부려 천장으로 발끝을 보낸다. 마시며 다리를 펴고 천천히 접어 시작 자세로 돌아온다.

3. 협응성 모듈

- ● **효과**

  골반과 어깨 안정화, 둔부근 강화, 균형 감각 발달, 골
  반대와 고관절 연결 인지

- ● **레슨 포인트**

  어깨가 굽히지 않고 어깨와 귀를 멀리 유지한다.
  목과 머리를 척추의 연장선상으로 유지한다.
  다리를 뻗을 때 흉곽 배치와 견갑대 정렬이 흐트러지
  지 않는다.

- ● **시작 자세**

밴드를 날개뼈 아래에 대고 두 손으로 잡는다. 무릎과 손으로 바닥을 짚는다.

양손은 어깨 밑으로 정렬하고 무릎은 엉덩이 밑으로 정렬한다.

- ● **unit 1. arm reaching(암 리칭)**

내쉬며 왼팔을 머리 위로 뻗는다.

마시며 팔을 내린다.

- ● **unit 2. single leg slide(싱글 레그 슬라이드)**

내쉬며 발가락이 바닥을 쓸고 지나가듯 다리를 길게
뒤로 뻗는다. 마시고 시작 자세로 돌아온다.

- ● **unit 3. diagonal reaching**

  (다이아고날 리칭, 대각선 뻗기)

내쉬며 오른 다리와 왼손을 동시에 뻗으며 척추를
신장시킨다. 마시며 손-다리 순으로 천천히 내린다.
반대 팔다리도 같은 방법으로 실시한다.

아프지 않게 움직이는 법, 오늘부터 필라테스

REHABILITATION & PILATES

NABI

통증은 단순히 '근육이 뭉쳤다'는 신호가 아닙니다.

몸의 중심, 즉 코어(core)가 약해지면서 균형이 무너졌다는 경고입니다.

허리·골반·목·어깨·무릎의 통증은 대부분 이 중심이 흔들리면서 팔과 다리 근육이 제 역할을 하지 못해 생깁니다. 결국 통증의 원인은 아픈 부위 그 자체보다, 힘의 전달이 끊어진 코어의 약화에 있습니다.

따라서 통증을 완화하기 위한 첫걸음은 '아픈 곳을 직접 풀어주는 것'보다 중심을 다시 세우는 것입니다.

코어를 강화하면 몸의 하중이 고르게 분산되고, 관절과 근육은 불필요한 긴장에서 벗어나 자연스럽게 안정됩니다. 그다음 팔과 다리의 근력을 서서히 회복시키면 움직임의 흐름이 다시 이어지고 통증은 점점 사라집니다.

필라테스의 장점은 바로 여기에 있습니다.

특별한 기구나 과한 힘이 없어도, 매트 위의 작은 동작과 소도구를 활용한 움직임만으로도 몸의 정렬을 바로 세우고 통증의 원인을 근본적으로 개선할 수 있습니다. 필라테스의 호흡, 코어, 정렬 원리가 통증 부위를 직접 치료하기보다는 몸 전체의 협응을 회복시키는 방식으로 작용하기 때문입니다.

이 장에서는 목·어깨·등, 허리·골반, 고관절·무릎으로 나누어 각 부위의 통증을 완화하고 움직임을 회복하는 루틴을 소개합니다.

모든 루틴은 "코어를 먼저, 팔·다리를 나중에"라는 원칙으로 설계되어 있습니다. 이 원칙을 따라가면 통증은 단순히 줄어드는 것을 넘어, 다시 움직일 수 있는 자립의 몸으로 회복될 것입니다.

통증별 회복 루틴

목 · 어깨 · 등 - 긴장을 풀고 기분까지 가벼워지는 루틴

▶ 준비운동 : 머메이드(mermaid)

▶ 암서클(arm circle)

▶ 레그 스트레치(leg stretch)

▶ 크리스 크로스(criss cross)

▶ 레그 익스텐션(leg extension)

▶ 스완(swan)

▶ 캣 스트레치(cat stretch)

운동시간 (50분)	운동목적	운동 위치	운동형태(모듈)			운동 횟수/강도
			UNIT 1	UNIT 2	UNIT 3	
준비운동 (10분)	정렬 호흡 코어 활성화 신체 이완 및 인지 관절 가동범위 체온과 순환 유지 눕거나 선 자세	sitting	mermaid	side bend	thoracic rotation	약 중 강
		supine	scapular protraction retraction	shoulder flexion extension	arm circle	
본운동 (35분)	부드러운 전환 근육 균형 맞추기 유연성 다양한 시작 자세 다양한 근육운동 가동성과 안정성 척추 움직임 동작 후 스트레칭	supine	single leg stretch	double leg stretch	double leg lower	약 중 강
		supine	spine imprint	curl up	criss cross	
		prone	single leg extension	double leg extension	frog	
		prone	mini swan	swan	swan dive	
		elbow supprot in prone	one arm pulling	chest extension	arm reaching	
마무리 (5분)	근육 스트레칭 유연성 이완과 명상 일상적인 동작 서 있는 자세로 끝	quadruped	cat stretch	down stretch	thoracic rotation	약 중 강

 **2** 허리 · 골반 - 통증의 중심을 바로잡는 회복 동작

▶ 쏘우(saw)

▶ 트위스트(twist)

아프지 않게 움직이는 법, 오늘부터 필라테스

▶ 포워드 스트레치(forward stretch)

▶ 사선 뻗기(oblique leg stretch)

▶ 레그 슬라이드(leg slide)

▶ 레그 킥(leg kick)

아프지 않게 움직이는 법, 오늘부터 필라테스

운동시간 (50분)	운동목적	운동 위치	운동형태(모듈)			운동 횟수/강도
			UNIT 1	UNIT 2	UNIT 3	
준비운동 (10분)	정렬 호흡 코어 활성화 신체 이완 및 인지 관절 가동범위 체온과 순환 유지 눕거나 선 자세	sitting	spine twist	saw	spine forward stretch	약 중 강
		supine	breathing	imprint	hip roll	
본운동 (35분)	부드러운 전환 근육 균형 맞추기 유연성 다양한 시작 자세 다양한 근육운동 가동성과 안정성 척추 움직임 동작 후 스트레칭	supine	hip twist	double leg stretch	double leg lower	약 중 강
		supine	table top	single leg slide		
		sidelying	kick front	kick back	circle	
		sidelying	top leg lift	bottom leg lift	side lift	
		quadruped	single leg extenion	arm reaching	diagonal reaching	
마무리 (5분)	근육 스트레칭 유연성 이완과 명상 일상적인 동작 서 있는 자세로 끝	sitting	round roll back	roll back twist	flat back leaning	약 중 강

 **고관절 · 무릎 - 잘 걷기 위한 하체 근력 키우기**

운동시간 (50분)	운동목적	운동 위치	운동형태(모듈)			운동 횟수/강도
			UNIT 1	UNIT 2	UNIT 3	
준비운동 (10분)	정렬 호흡 코어 활성화 신체 이완 및 인지 관절 가동범위 체온과 순환 유지 눕거나 선 자세	supine	hamstring stretch	adductor stretch	abductor stretch	약 중 강
		supine	single leg stretch	scissor		
본운동 (35분)	부드러운 전환 근육 균형 맞추기 유연성 다양한 시작 자세 다양한 근육운동 가동성과 안정성 척추 움직임 동작 후 스트레칭	supine	heel up	shoulder bridge	single leg shoulder bridge	약 중 강
		prone	double leg extension	frog	swimming	
		sidelying	clam	high clam	side plank on knee	
		quadruped	knee circle	hip abduction	hip circle	
		quadruped	single leg extension	single leg kick	arm reaching	
마무리 (5분)	근육 스트레칭 유연성 이완과 명상 일상적인 동작 서 있는 자세로 끝	side plank on knee	clam	hip abdcution	side bend	약 중 강

나비 루틴북 - 오늘의 몸 상태 & 변화 기록표
"오늘 내 몸의 신호를 읽고, 회복의 변화를 기록하는 하루 페이지"

항목	세부 부위	수업 전	수업 후
통증	목/ 어깨	☐ 없음 ☐ 약간 ☐ 뻐근 ☐ 통증	☐ 없음 ☐ 약간 ☐ 뻐근 ☐ 통증
	허리	☐ 없음 ☐ 약간 ☐ 뻐근 ☐ 통증	☐ 없음 ☐ 약간 ☐ 뻐근 ☐ 통증
	무릎, 고관절	☐ 없음 ☐ 약간 ☐ 뻐근 ☐ 통증	☐ 없음 ☐ 약간 ☐ 뻐근 ☐ 통증
피로도	전신 피로감	☐ 상쾌 ☐ 보통 ☐ 피곤 ☐ 매우 피곤	☐ 상쾌 ☐ 보통 ☐ 피곤 ☐ 매우 피곤
기분	오늘의 기분	☐ 매우 좋음 ☐ 안정 ☐ 무기력 ☐ 우울	☐ 매우 좋음 ☐ 안정 ☐ 무기력 ☐ 우울
호흡	숨쉬기 편함	☐ 편안 ☐ 보통 ☐ 답답	☐ 편안 ☐ 보통 ☐ 답답
오늘의 회복정도	전반적인 상태		☐ 완전히 회복 ☐ 많이 좋아짐 ☐ 약간 나아짐 ☐ 변화 없음
오늘의 한 줄 메모	오늘 느낀 점		

아프지 않게 움직이는 법, 오늘부터 필라테스

운동시간 (50분)	운동목적	운동형태(모듈)			운동 횟수	운동 강도
		UNIT 1	UNIT 2	UNIT 3		
준비운동 (10분)	정렬 호흡 코어 활성화 신체 이완 및 인지 관절 가동범위 체온과 순환 유지 눕거나 선 자세					약 중 강
본운동 (35분)	부드러운 전환 근육 균형 맞추기 유연성 다양한 시작 자세 다양한 근육운동 가동성과 안정성 척추 움직임 동작 후 스트레칭					약 중 강
마무리 (5분)	근육 스트레칭 유연성 이완과 명상 일상적인 동작 서 있는 자세로 끝					약 중 강

Epilogue

"선생님, 계단 내려갈 때 무릎이 아프지 않아요."

"이제야 다리 힘으로 서 있는 느낌이 뭔지 알겠어요."

필라테스를 가르치며 들은 이 두 마디는

제게 세상 어떤 말보다 큰 선물이었습니다.

몸이 변하고, 그 변화를 통해

스스로의 가능성을 믿게 되는 순간,

필라테스로 몸과 마음은 성장합니다.

필라테스는 단순한 운동이 아니라, 삶을 바꾸는 힘이라는 것을.

그 믿음은 제 안에 새로운 꿈을 심었습니다.

"이 운동을 더 많은 사람들에게 전하고 싶다."

나이가 들어도, 통증이 있어도,

누구나 안전하게 움직일 수 있도록

움직임의 문턱을 낮추고 싶었습니다.

"이 나이에 무슨…"이 아니라

"하루를 살아도 건강하게 살고 싶다"는 희망의 마음으로.

누구나 자신의 몸이 다시 성장할 수 있다는 가능성을 믿고

운동을 시작하는 그 첫 발걸음,

나비재활필라테스가 함께하겠습니다.

"움직임으로 회복을, 운동으로 희망을."

이 문장은 제가 필라테스를 통해 세상에 전하고 싶은 가장 큰 메시지입니다.

필라테스는 근육을 키우는 것에서 끝나는 운동이 아닙니다.

자신의 몸을 느끼고, 조절하고, 신뢰하는 힘을 기르는 과정입니다.

그 힘이야말로 나이를 넘어 삶의 질을 바꾸는 진정한 열쇠입니다.

이 책을 완성할 수 있었던 것은

예천, 영주, 안동의 시니어 여러분 덕분입니다.

"필라테스가 처음이야"라고 말하면서도

포기하지 않고 끝까지 함께해 주신 노력은

제게 큰 용기와 감동을 주었습니다.

또한 나비재활필라테스를 찾아 주신 회원님들의 변화는

제가 가는 길에 확신을 더해 주었고,

이 책을 만들게 한 진짜 원동력이 되었습니다.

이 마지막 페이지를 빌려,

저와 함께 걸어 주신 모든 분들께

진심으로 감사드립니다.

그리고 지금, 이 글을 읽고 있는 분들에게

저의 마음이 가 닿기를 바랍니다.

속도는 서두르지 않아도 괜찮습니다.

멈추지 않고, 하루의 작은 움직임으로 이어 가면 충분합니다.

잠시 눈을 감고 깊게 숨을 들이마셔 보세요.

그 단 하나의 호흡이 곧 필라테스의 시작이며,

삶을 다시 숨 쉬게 하는 첫걸음입니다.

노화는 멈출 수 없지만,

우리가 어떻게 나이 들어갈지는 선택할 수 있습니다.

통증이 일상을 삼키기 전에,

움직임으로 몸과 마음을 다시 깨우는 일-

그 길 위에서

이 책이, 그리고 제가,

따뜻한 동행으로 함께할 수 있기를 바랍니다.

NABI
REHABILITATION & PILATES

들은 것은 잊어버리고
본 것은 기억하고
직접 해 본 것은 이해한다.

- 공자 -